AF359414

QUELQUES MOTS

DE

VÉRITÉ SUR NAPLES

PAR

Vte ANATOLE LEMERCIER

DÉPUTÉ AU CORPS LÉGISLATIF

PARIS

CHARLES DOUNIOL, LIBRAIRE-ÉDITEUR

Rue de Tournon, 29

—

1860.

A M. LE PRINCE D'ALESSENDRIA

SYNDIC DE NAPLES

Mon cher Prince,

C'est à vous que j'adresse les quelques pages que je publie sur votre beau pays ; vous avez mis tant d'empressement à me conduire dans des établissements où les étrangers ont peu d'occasion d'être admis, à me procurer les documents que je vous ai demandés, qu'il était de simple justice de placer ce modeste travail sous l'autorité de votre nom. Vous trouverez sans doute beaucoup de mes jugements en désaccord avec vos opinions personnelles ; n'oubliez pas que, malgré mon affection pour Naples déjà ancienne, puisqu'elle remonte au temps où j'étais attaché, en 1842, à l'ambassade de M. le duc de Montebello, malgré les liens de toute sorte qui m'unissent à vous et aux vôtres, je suis toujours l'enfant de ma chère France, et que je ne puis ni veux renier les principes libéraux avec lesquels j'ai été élevé. J'espère pourtant que, grâce à la similitude de nos sentiments catholiques et de notre respect pour la mémoire du roi Ferdinand II, vous serez plus souvent de mon côté que de celui de mes adversaires, car ce sont les vôtres aussi, puisque ce sont les révolutionnaires.

Agréez, mon cher prince, l'expression de ma vive amitié,

Vte ANAT. LEMERCIER

QUELQUES MOTS

DE

VÉRITÉ SUR NAPLES

CHAPITRE I.

Caractères du peuple napolitain dans sa noblesse, sa bourgeoisie, ses masses. — Situation de son gouvernement. — Le roi Ferdinand en face des puissances de l'Europe.

La mort de Ferdinand II, l'attitude de son jeune successeur, le calme du royaume des Deux-Siciles au milieu des agitations du reste de l'Italie, ont attiré sur le sud de la Péninsule les regards de l'Europe. Malgré les nombreuses relations qui existent entre Naples et la France, malgré la facilité de communications, qui permet de se rendre de Marseille à la capitale du royaume des Deux-Siciles en moins de deux jours, il y a peu de peuple moins connu par les Français que les Napolitains. Non pas que les touristes n'aient publié de nombreuses relations de leurs excursions, non pas que la gravure ni la peinture n'aient reproduit sous toutes les formes les sites du pays et les costumes des habitants, non pas que les journaux se soient abstenus d'apprécier à leur façon les choses et les hommes de la politique de ce royaume ; mais parce que les Napolitains ne peuvent se connaître ni par les yeux des touristes, ni par les dessins des artistes, ni par les appréciations des journalistes ; il faut plus de temps, plus d'occasions et plus de moyens pour arriver à la vérité sur ce peuple qui restera toujours inexplicable au premier examen. Il faut une pratique constante et prolongée pour démêler, au milieu des déguisements prémédités, le véritable état de ces populations. Calomnié comme à plaisir depuis tant d'années par les écrivains de tous les pays, le Napolitain nourrit une défiance extrême contre les étrangers. Ce n'est donc pas sans peine que l'on parvient à découvrir la vérité ; et si des circonstances exceptionnelles ne vous servent pas, on ne peut y réussir. Et pourtant, il y a peu de peuple qui ait plus à gagner à être connu que le peuple des Deux-Siciles. Chez lui, les mauvais instincts de l'orgueil et de l'envie ne se sont pas encore développés ; pleins de respect pour les positions supérieures, les Napolitains acceptent sans murmurer la hiérarchie sociale ; retenus par la religion, qui les rend humbles sans bassesse, par l'éducation qui leur fait respecter les choses et les hommes qu'ont respectés leurs pères, il n'existe pas en Europe de peuple plus facile à gouverner. On ne nous croira pas, lorsque nous affirmerons que jamais souverain n'a été plus aimé de son peuple que le roi de Naples, et pourtant c'est la stricte vérité. Non pas que la noblesse, la bourgeoisie et le peuple ne se permettent, chacun à son point de vue, de nombreuses et souvent d'amères critiques ; mais ce sont des critiques de détail, et jamais, malgré les efforts des révolutionnaires étrangers, la pensée du renversement du souverain légitime n'a pénétré dans l'esprit des vrais Napolitains. Le respect des positions établies est l'un des caractères distinctifs de ce peuple ; c'est ce qui le sépare des autres peuples de l'Europe et lui crée une originalité bien tranchée. Nous n'allons pas jusqu'à dire que l'envie n'existe dans aucune âme de Napolitain, mais nous disons qu'elle n'existe chez aucune classe contre l'autre. Malgré l'introduction du Code civil par les Français, malgré une pratique de près de soixante années de ces lois qui égalisent si rapidement les fortunes, le seigneur napolitain est devenu moins riche, mais il est resté aussi respecté et aussi puissant. Fidèle aux anciens usages, le peuple se contente de peu, sans besoin, pour ainsi dire, dans un pays où l'on vit en plein air et où l'on se nourrit de rien ; il jouit de la beauté de son climat, des splendeurs de son golfe, du charme de sa facile existence, sans désirer de modifications dans sa position sociale. Les aspirations d'une vie plus recherchée ne viennent pas à l'idée du Napolitain, et les ouvriers étrangers ont perdu leur temps et leur éloquence à inculquer dans les têtes de ces gens heureux les souffrances de la classe laborieuse, auxquelles ils ne veulent pas croire, parce qu'ils ne les ressentent pas. Certes, à voir l'extérieur des gens du peuple de Naples, à visiter leur intérieur, on croirait facilement qu'il n'y a pas de pays au monde où la misère soit plus grande. Peu soucieux de leurs personnes et de leurs maisons, leurs vêtements sont souvent en lambeaux, leurs habitations remplies de saletés et de vermines, et les animaux domestiques les plus immondes vivent pêle-mêle au milieu de la famille. A comparer cette apparence de pauvreté, presque de misère, aux intérieurs de nos ouvriers parisiens, on se prend à plaindre les pauvres habitants de Naples et à vanter les avantages de notre civilisation plus développée. Eh bien, on tombe dans la plus grave de toutes les erreurs : le bonheur se trouve plus souvent dans le pauvre réduit napolitain que dans l'appartement presque recherché du Parisien. Chez l'un, en effet, on rencontre la foi qui adoucit tous les maux, le contentement de son sort qui fait la vie heureuse ; chez l'autre, au contraire, l'impiété ou du moins l'indifférence trouble la conscience ; l'ardeur à s'enrichir, l'envie contre ceux qui possèdent, jettent le tourment et la haine dans son cœur.

Il est faux de dire que le peuple napolitain souffre et se plaint de sa situation sociale ; mais il est plus faux encore de prétendre qu'il supporte avec impatience sa position politique. Le peuple a pu résister aux commis-voyageurs de l'insurrection qui sont venus prêcher la croisade contre les riches, les prêtres et les nobles ; mais ces apôtres du mal ont-ils mieux réussi à lui persuader qu'il vivait sous le sceptre de fer d'un tyran ? Il est très-facile de prouver le contraire. En effet, l'homme du peuple, dans le royaume des Deux-Siciles, s'occupe fort peu de politique ; il se confie volontiers à la direction de son curé et de son ancien seigneur. Il sait qu'il paye peu d'impôts ; il voit que ses routes sont bien entretenues, que la conscription est moins dure qu'il ne l'avait cru ; cela lui suffit pour ne pas désirer un changement qui le jetterait dans l'inconnu.

La classe moyenne est moins satisfaite, il faut le reconnaître, et beaucoup de ses membres désirent la liberté politique ; pourtant un grand nombre d'entre eux bornent leurs vœux à la possession de la liberté communale, que l'introduction de la centralisation française a tuée à Naples. Il est vrai que chez un peuple aussi peu préparé aux libertés politiques, leur obtention serait plutôt un malheur qu'une faveur. N'a-t-on pas vu ce qui s'est passé en 1848, lorsque le roi Ferdinand, dépassant d'un bond le statut sarde et les concessions du gouvernement du pape, a publié une charte calquée, à peu de chose près, sur la charte de 1830 ? Dans son inexpérience du jeu des institutions constitutionnelles, le parlement s'est trouvé impuissant à voter une seule loi, et est tombé au milieu d'une émeute provoquée par lui sans le vouloir et sans le savoir. Les libertés communales, au contraire, sont le véritable patrimoine de la nation italienne ; le municipe romain a jeté de telles racines chez les populations de la Péninsule, que toutes leurs tendances et toutes leurs traditions leur font désirer le retour de la liberté de la commune. Et de fait, n'est-ce pas là qu'est la meilleure et la plus sérieuse des libertés pour un peuple qui peut encore se soustraire à la centralisation ? Il est évident que, lorsqu'on est arrivé, comme en France, à une telle concentration de pouvoirs dans les mains du gouvernement, que tout vienne non-seulement de lui, mais que chacun en toutes occasions s'adresse à lui, il est évident que le retour à la liberté communale est bien difficile ; mais à Naples, le courant, au contraire, porte vers la décentralisation, et rien ne serait aisé comme de rendre la liberté communale à des populations qui l'ambitionnent bien autrement que la liberté politique.

La noblesse existe encore par le respect qu'on lui porte ; mais depuis la chute de ses priviléges, depuis la proclamation de l'égalité civile, elle ne forme plus un corps dans l'État. On peut lui reprocher de n'avoir pas assez compris cette situation et d'être restée trop en dehors des affaires du pays. Imbue encore des anciens préjugés de sa caste, la noblesse répugne à faire entrer ses enfants dans certaines fonctions publiques. Aussi, ces jeunes gens, désœuvrés, laissés à eux-mêmes, n'acquièrent pas l'influence si désirable sur la direction des affaires de leur pays. Il faut reconnaître pourtant que ce reproche commence à tomber à faux ; la jeune génération comprend mieux ses véritables intérêts, et on compte beaucoup de jeunes gentilshommes parmi les magistrats, les administrateurs et les autres fonctionnaires du pays. Dans cette partie de la nation, le sentiment communal est également bien vivace, car il est facile de comprendre qu'avec la liberté de la commune, la position de l'ancien seigneur, qui est resté le plus grand propriétaire, sera toujours très-prépondérante.

Mais alors, dira-t-on, en présence de cette satisfaction générale, pourquoi toutes les conspirations, toutes les émeutes, toutes les révolutions qui ont agité cette partie de la Péninsule italique depuis soixante ans ? Il faut avoir le courage de le dire, parce que c'est la vérité : les émotions révolutionnaires n'ont jamais été préparées et ne se sont jamais traduites en faits que par l'influence étrangère. Le peuple napolitain est ignorant, il est crédule et facile à duper, et, malgré sa réserve vis-à-vis des étrangers, il est souvent la victime d'inventions calomnieuses, surtout si elles semblent menacer sa liberté et sa religion ; non pas sa liberté politique, pour laquelle, il faut l'avouer, il ne professe pas un respect bien profond, mais sa liberté de vivre en plein air, de faire chez lui ce qu'il veut, ou plutôt de ne rien faire. Si donc, des ennemis du gouvernement napolitain parviennent à faire croire au peuple que le gouvernement se propose de toucher aux seuls priviléges auxquels il attache du prix, la colère arrive vite dans ces têtes du midi, et, de la colère à l'action, il n'y a pas souvent d'intervalle. Ces colères sont celles d'un enfant, qui peut s'oublier jusqu'à maudire son père, jusqu'à le frapper même, mais qui revient vite, honteux et repentant, chercher un pardon qui ne lui est jamais refusé.

Voilà l'histoire des révolutions populaires à Naples ; préparées par les agitations françaises, au commencement du siècle, par les intrigues anglaises, à partir de 1820 jusqu'à nos jours, elles auraient été maintenant le fait de la propagande piémontaise si, grâce à l'énergie du jeune roi et de son gouvernement, elles n'avaient été prévenues.

Que l'Europe sache bien que la désaffection et le mécontentement des Napolitains contre leur gouvernement sont des fables sans portée, et que la meilleure des politiques à suivre vis-à-vis de cette puissance est de la soutenir et de la fortifier au lieu de l'affaiblir et de la miner. Ce qui s'est passé au moment de la rupture diplomatique entre Naples d'une part, la France et l'Angleterre de l'autre, devrait pourtant ouvrir les yeux à la diplomatie européenne, au moins à la partie de cette diplomatie qui n'a pas d'intérêt à détourner la vue. On avait dit, répété sur tant de tons, que la politique de compression de Ferdinand II pesait d'un poids si lourd sur ses peuples, que les gouvernements de France et d'Angleterre crurent accomplir une action toute simple, en venant d'abord demander, puis ensuite exiger, sous la menace de rupture diplomatique, des modifications dans cette politique. Le roi résista avec une fermeté, avec une dignité, qui furent reconnues et admirées par les deux grandes puissances occidentales elles-mêmes ; il ne voulut pas céder à la pression, et il resta toujours aussi calme et aussi décidé que s'il eût eu des armées et des flottes assez nombreuses pour lutter contre la première puissance militaire et la première puissance maritime du monde. Aussi, ne fut-ce pas lui qui se lassa de cette situation ; ce furent ses redoutables adversaires qui firent auprès de lui de nombreuses démarches pour renouer les relations interrompues. A toutes ces tentatives, Ferdinand II répondait d'une façon invariable : Ce n'est pas moi qui ai retiré mes ministres de Paris et de Londres ; je suis toujours dans les mêmes sentiments d'affection pour les deux souverains de la France et de l'Angleterre, et je suis prêt à recevoir de nouveau leurs envoyés ; mais, quant à reconnaître le droit de ces puissances étrangères à me forcer la main, pour modifier mon administration intérieure, je m'y refuse avec la même énergie que l'empereur des Français mettrait à me refuser la liberté politique de son pays, si je la lui demandais, ou que la reine Victoria déploierait, si je manifestais l'exigence de lui faire changer un ministère whig contre un ministère tory, ou un ministère tory contre un ministère whig. Cette fière attitude du souverain des Deux-Siciles, loin de l'affaiblir dans l'esprit de ses peuples, l'avait au contraire fortifié, et, malgré les calomnies des journaux, son pouvoir n'avait jamais été mieux établi qu'au moment de sa mort.

Nous n'avons pas séparé à dessein, dans ce qui précède, le gouvernement français du gouvernement anglais, parce qu'il a tenu malheureusement, dans cette affaire, la même conduite et commis la même faute que son allié. Mais il faut reconnaître que la politique des deux peuples a toujours présenté, pendant le règne de Ferdinand II, une grande dissemblance, toute en faveur du cabinet de Paris. Depuis 1845, les Anglais étaient tellement accoutumés à exercer une influence prépondérante sur les décisions du gouvernement des Deux-Siciles, qu'à l'avénement de Ferdinand II, ils furent surpris de rencontrer une résistance à leurs désirs, et, depuis l'affaire des soufres principalement, ils n'ont jamais pardonné à ce souverain d'avoir soustrait son pays à leur suprême direction. Ce fut à cette hostilité sourde, mais flagrante que l'on dut, en grande partie, le rapprochement du cabinet de Naples avec l'Autriche et la France. L'Autriche voulait dominer à Naples comme dans le reste de la Péninsule, et avoir un allié ou un satellite de plus dans sa politique de résistance ; la France n'eut qu'une politique, qui consista à aider le roi de Naples à résister à l'influence exclusive de l'Angleterre ou de l'Autriche. Ferdinand II, avec son désir très-arrêté de rester le maître chez lui, comprit et apprécia cette sage conduite de la France, et manifesta hautement à l'Europe ses sympathies, en accordant pour femme, à un des princes de la maison d'Orléans, la première fille du sang des Bourbons qui soit entrée dans la famille régnante de France. Ce ne fut qu'après 1848, en face des événements de cette triste époque, en présence du changement de politique du cabinet de Paris et de la tenue de ses singuliers agents, que le roi de Naples se rapprocha du gouvernement autrichien, afin de résister à l'inimitié anglaise, toujours aussi vive, et à la pression révolutionnaire française, qui avait remplacé l'attitude de pondération prise si habilement par le précédent gouvernement.

Cette politique est la seule qui convienne à la France ; le gouvernement actuel a donc commis une faute grave en s'unissant à l'Angleterre dans sa rupture diplomatique avec Naples. Il a détruit sa position et forcé le roi des Deux-Siciles à se rejeter, plus que jamais, vers l'Autriche. Ce passé si récent doit servir de leçon au gouvernement impérial ; favoriser les vues de l'Angleterre, c'est contraindre le jeune roi de Naples à suivre la politique des dernières années de son père, politique, il ne faut pas l'oublier, qui n'était pas du choix de ce monarque, mais à laquelle il avait été amené par la force des choses.

L'attitude modératrice de la France est devenue plus que jamais nécessaire dans les circonstances actuelles ; la prépondérance que la guerre et que les menées révolutionnaires tendent à donner au roi de Sardaigne, serait un péril pour la Péninsule et pour l'Europe, si le roi des Deux-Siciles ne conservait pas un pouvoir suffisant pour contrebalancer l'accroissement des forces piémontaises. En effet, la tranquillité de l'Italie dépend dans l'avenir d'un équilibre sérieux entre ces deux puissants voisins. Si le roi de Naples devenait, par la mauvaise politique de la France, soit un vassal de l'Angleterre, soit un lieutenant de l'Autriche, les dangers seraient continuels pour la Péninsule. Dans le cas de la prépondérance de l'Angleterre, les deux monarques, guidés par une même influence, deviendraient bien vite les exécuteurs de la propagande protestante contre la papauté, et l'unité si rêvée de l'Italie ne serait que le début de sa perte. Si, au contraire, l'Autriche exerçait sur Naples une direction exclusive, à la place de l'entente entre les deux souverains italiens, ce serait la lutte; les États de l'Église seraient leur champ de bataille, ou au moins le terrain de leurs compétitions. En tout état de cause, la tranquillité de l'Italie serait compromise, et la paix de l'Europe ne serait pas de longue durée. La papauté est le palladium de l'Italie et de l'Europe ; nous savons bien qu'elle ne peut périr, et dût le monde entier se couvrir de ruines, Rome se relèverait toujours grande et puissante ; mais nous craignons que ce triomphe certain ne soit précédé d'épreuves déplorables; et nous voudrions éviter à tout prix que la France, qui, elle, n'est pas à l'abri des catastrophes, s'unît aux ennemis de la papauté, ou les laissât libres d'agir, sans apporter le poids de son épée pour faire pencher la balance en faveur du saint-siége. Or, abandonner Naples à l'influence anglaise ou autrichienne, c'est s'unir avec les ennemis de la papauté, soit en s'efforçant de la détruire, d'une part, soit en la laissant défendre, de l'autre, par des moyens dangereux. Le rôle de modérateur de la France entre ces deux influences rivales est tout tracé : c'est celui qui lui méritera la reconnaissance du souverain et de la population des Deux-Siciles.

———◦✕◦———

CHAPITRE II.

Etat des partis à Naples. — Pouvoir personnel du Roi. — Attentat de Milasso.
— Éloignement de la cour de la capitale du royaume.

Si, grâce à ce rôle de la France, Naples était assuré contre toute pression étrangère, il n'y aurait pas de limites à la prospérité de ce charmant pays, pour lequel la nature a tant fait. Débarrassé des préoccupations extérieures, à l'abri des conspirations tramées par des hommes qui n'appartiennent pas à son sol, le gouvernement des Deux-Siciles pourrait s'occuper des améliorations intérieures, qui sont moins nécessaires pourtant que les correspondants payés de ses ennemis sont parvenus à le faire croire à l'Europe.

Il est nécessaire de se rendre bien compte de la situation des partis à Naples. D'après un auteur [1], qui ne sera pas suspect aux libéraux

---

[1] *I casi di Napoli dal 29 gennajo 1848 in poi*, lettere politiche per Giuseppe Massari, ex-deputato al parlamento napolitano. Torino, 1849.

ardents, M. Joseph Massari, ancien député au parlement napolitain, en 1848, trois partis se divisaient, à cette époque, les esprits dans les Deux-Siciles. Le premier était l'absolutisme, celui qui veut la monarchie pure, *el rey neto*, suivant l'expression espagnole. M. Massari l'accuse d'avoir en haine avouée la cause de la nationalité italienne. Il le nomme le parti austro-espagnol : espagnol, parce qu'il a conservé la tradition des vice-rois d'Espagne ; autrichien, parce que ses instincts et ses tendances l'attachent étroitement à l'Autriche. Il est composé d'une portion du patriciat, de la grande majorité de l'armée et de la presque totalité du clergé. Le second parti est le parti français, formé des muratistes et de la plus grande portion des libéraux de 1820 ; il aspire à une liberté tempérée et aux franchises constitutionnelles circonscrites dans de certaines limites. Son défaut capital est de ne pas être italien et d'être avant tout municipal. Les hommes de ce parti sont puissants et nombreux ; on en rencontre un certain nombre parmi les patriciens et beaucoup dans la classe moyenne ; ce sont des libéraux étroits et à courtes vues, entichés de la nationalité napolitaine et incapables de s'élever à la conception nationale et majestueuse de la patrie italienne. Ce parti se partage en deux nuances assez tranchées : le muratisme, qui incline de plus en plus vers le despotisme, et l'autre nuance, qui penche plutôt vers les formes constitutionnelles, telles qu'elles se pratiquaient sous le ministère Guizot, ou, mieux encore, sous le ministère du comte de Villèle. Enfin, le troisième parti est tout italien, tout national ; il compte dans son sein les hommes d'intelligence et d'honnèteté de toutes les nuances et de toutes les classes de la société. Ce parti aime la liberté et il est partisan sincère du gouvernement constitutionnel ; mais avant les réformes politiques, il place le principe sacré et indiscutable de la nationalité. L'indépendance nationale, le renvoi des Autrichiens du *beau pays*, tels sont les principaux objets de ses vœux, les premiers articles de foi de son symbole politique. Ce parti n'est pas trèsfort par le nombre, mais il est puissant par l'intelligence et les vertus. Je ne parle pas du parti républicain, continue M. Massari, que nous traduisons presque textuellement, parce que les quelques individus qui ne sont pas parvenus à faire des prosélytes à leurs folles utopies, ne méritent pas le nom de parti. A Naples, je le répète avec la certitude de rester dans le vrai, il n'existe pas de parti républicain.

Nous le demandons à toute personne de bonne foi : à la suite de la lecture du passage de cet écrivain, que nous venons de citer, n'est-il pas prouvé jusqu'à l'évidence qu'il n'y a pas de parti républicain à Naples, qu'il y a fort peu d'Italiens dans le sens consacré par la polémique journalière, et que M. Massari a beau leur accorder le monopole de l'intelligence et de la vertu, ils n'en sont pas moins réduits à un nombre presque insignifiant, de l'aveu même d'un des leurs ? Resteraient donc en présence le parti austro-espagnol et le parti français. Eh bien, M. Massari reconnaît lui-même que le prétendu parti français est avant tout napolitain, et nous ne craignons pas d'ajouter que le parti austro-espagnol n'est pas moins patriote que son rival. Il faut le proclamer à l'honneur des habitants de Naples, ils sont avant tout napolitains. L'amour de la patrie est leur vertu dominante; mais c'est aussi leur force. Les discussions intérieures, les luttes intestines s'effacent promptement devant le danger commun. L'avénement de Napoléon III a été le dernier coup porté aux espérances d'une restauration muratiste, comme la tendance à l'unité de l'Italie, sous un même sceptre, a été la principale cause de l'ordre et de la tranquillité maintenus dans le royaume de Naples, pendant les derniers événements de la Péninsule. La parenté du prince Murat avec l'empereur des Français a rapproché de la maison de Bourbon les Napolitains qui s'en écartaient, parce qu'ils préfèrent une dynastie nationale, quand même ils n'en sont pas complétement satisfaits, à un souverain lié par le sang au chef d'une des grandes puissances de l'Europe.

Le désir très-avoué de Victor-Emmanuel d'étendre son autorité sur toutes les portions du territoire italien qui voudraient se réunir à ses États héréditaires, a fortifié le roi de Naples plus que de nombreuses victoires. Afin de conserver leur autonomie dont ils sont fiers à juste titre, les populations du royaume de Naples se sont groupées de plus en plus autour de leur souverain national; car la patrie, pour eux, finit avec leurs frontières, et ils n'ont nul souci de devenir les habitants d'une province, d'un État de vingt-cinq millions d'âmes, lorsqu'ils se trouvent heureux d'habiter un royaume qui tient honorablement sa place parmi les États de second ordre.

Non, les partis à Naples ne peuvent pas être désignés par des noms étrangers, ils sont tous napolitains. Au moment de la mort de Ferdinand II, il y avait bien deux partis en présence : les partisans de l'absolutisme et les amis de la liberté. Ces derniers eux-mêmes se divisaient en libéraux constitutionnels et en libéraux purement municipaux. En dehors de ces partis, il n'y avait que des conspirateurs ou que des factieux.

Le roi, dans les dernières années de son règne, s'était entouré, il est vrai, de partisans de l'absolutisme. Les événements de 1848, les menées révolutionnaires étrangères, les calomnies dont il était abreuvé à l'extérieur, dont se faisaient l'écho les hommes les plus considérables, et qui retentissaient jusque dans l'enceinte des parlements, tout, en un mot, l'avait forcément rejeté dans les bras des absolutistes. Non pas que cette attitude l'ait entraîné aux cruautés et aux folies dont on l'a accusé avec tant de persévérance; mais son caractère, assez communicatif au début de son règne, était devenu inquiet et troublé, et il en était arrivé, entraîné par la reine, qui ressentait plus que lui encore de mortelles inquiétudes, à ne plus voir personne, à se confiner dans son intérieur et à abandonner systématiquement Naples et les habitudes de la vie extérieure, qui servent, plus qu'on ne pense, à maintenir l'éclat et le prestige de la royauté. Aussi le plus grand reproche que l'on entendait adresser contre Ferdinand II dans les derniers mois de sa vie, le seul même qui lui fût adressé par tous les partis, c'est qu'il ne se montrât pas assez à son peuple. Ainsi ce tyran si abominable, ce roi *Bomba*, contre lequel les journaux de l'Europe n'avaient pas assez de cris de réprobation, était si peu en exécration dans ses États, que le seul reproche unanime dirigé contre lui portait sur son éloignement trop prolongé de sa capitale.

Cette regrettable détermination de fuir Naples et la cour avait été amenée par une série de catastrophes que la position du roi aurait dû lui faire mépriser, mais qui avaient inspiré une telle répulsion à la reine et à lui-même, qu'il ne réagit pas assez contre cette fâcheuse impression. La première de ces catastrophes fut l'attentat de Milasso. Il était militaire ; ce fut à une revue que ce malheureux voulut mettre à exécution l'abominable projet qu'il nourrissait, depuis près de dix ans, de tuer le roi. Au moment du défilé de son peloton, il sortit des rangs et courut par derrière le groupe où se trouvait Ferdinand. L'assassin n'avait pu se servir d'une cartouche, il se décida à frapper avec son sabre-baïonnette. Quand il voulut donner son premier coup, son schako tomba heureusement et l'empêcha d'atteindre son auguste victime. Personne ne pouvait le voir, car chacun était occupé à regarder le défilé ; il allait lancer son second coup, lorsqu'un officier d'ordonnance, revenant de porter un ordre, aperçut le mouvement du misérable, poussa son cheval contre lui et le renversa, mais pas assez vite pourtant pour empêcher la pointe du sabre-baïonnette d'atteindre légèrement le roi. Ferdinand II fut admirable de sang-froid ; il n'avoua à personne qu'il se sentait blessé, il fit continuer le défilé, revint au palais, et ce ne fut que là qu'il consentit à se faire soigner. Il y eut alors un mouvement de rapprochement dans la population entière ; pendant quinze jours, le roi reçut sans distinction toutes les personnes qui se présentèrent au palais ; il était touché des preuves de sympathie dont il était entouré, et il allait donner un grand bal, pour renouer les traditions des premières années de son règne, lorsque survinrent, coup sur coup, l'explosion d'une poudrière près du Palais-Royal et celle du bateau à vapeur le *Charles III* dans le port militaire. Malgré les plus actives recherches, il fut impossible de connaître la cause de ces deux malheurs. Le roi et la reine, qui avaient été si bien devant le danger réel de l'attentat de Milasso, se troublèrent plus que de raison en face de ces attaques inconnues. Depuis lors, ils quittèrent

Naples et n'y sont plus revenus jusqu'à la mort de Ferdinand II.

Les absolutistes, qui occupaient le pouvoir dans les derniers temps de ce règne, déploraient eux-mêmes cette résolution du souverain, mais ils s'inclinaient devant elle comme devant toutes ses volontés. A côté d'eux se trouvaient des hommes tout aussi dévoués au prince, mais plus indépendants, qui ne craignaient pas de dire bien haut leur manière de voir, non-seulement sur l'éloignement du roi de sa capitale, mais encore sur la politique tout entière de son gouvernement, ou plutôt sur sa politique personnelle ; car les choses en étaient arrivées à ce point que les ministres n'osaient plus avoir une opinion à eux en aucune affaire. On citait à ce propos, non sans en rire un peu, que sur des feuilles imprimées, placées sur la table du conseil, était réservée, à côté d'une place pour la décision du roi, une autre place pour l'avis des ministres, et que cette place était invariablement remplie par la formule en quelque sorte stéréotypée : « Il en sera ce qu'il plaira au roi.» Mais si ces hommes trop zélés étaient au pouvoir, ils étaient peu nombreux ; jamais, dans aucun pays, nous n'avons entendu plus de liberté dans les jugements des salons sur la politique du gouvernement. Nous nous prenions parfois à douter, devant cette franchise, de notre présence dans une réunion de Napolitains, et il nous est resté dans l'esprit qu'à la suite d'un dîner où l'on parlait français pour éviter d'être entendu des domestiques, nous étions si surpris de cette critique tout à la fois vive et élevée des choses et des hommes du gouvernement, que nous avions besoin de nous savoir au milieu de la meilleure compagnie de Naples pour être sûr qu'on n'avait pas voulu jouer une comédie de libéralisme à notre bénéfice d'étranger. Non, tout cela était franc et sincère; l'opinion publique est pour la liberté, mais pour la liberté modérée. Les gens éclairés regrettent le régime constitutionnel ; ils aspirent à le voir revenir, mais ils ne se font pas illusion ; ils comprennent que la masse du peuple n'est pas assez instruite pour profiter de ce grand bienfait des sociétés modernes, de ce gouvernement des nations suffisamment éprouvées et suffisamment sûres d'elles pour faire leurs affaires elles-mêmes. Ils ne se dissimulent pas qu'accorder la liberté politique à leur pays en ce moment, ce serait préparer le triomphe éphémère des révolutionnaires, pour retomber plus que jamais sous la domination du despotisme. Aussi leurs aspirations actuelles se bornent-elles à souhaiter le rétablissement des libertés communales. Grâce à cette expérience de la vie publique sur un théâtre restreint, le peuple s'habituerait à l'exercice de ses droits de citoyen et s'élèverait graduellement jusqu'à la pratique complète du gouvernement constitutionnel. Tels sont les désirs de l'immense majorité des hommes supérieurs de cette partie de la Péninsule. La direction des affaires confiées par le jeune roi au prince de Satriano, qui est la personnification la plus illustre des aspirations de ses compatriotes, prouve que François II est pénétré des besoins de ses peuples. Il faut donc s'attendre à une entente de plus en plus intime entre le souverain et ses sujets, et les craintes des gens qui redoutent pour la dynastie actuelle un ébranlement à la suite des commotions de la Péninsule sont tout à fait chimériques.

CHAPITRE III.

Situation faite au clergé. — La haute société napolitaine. — Les classes libérales.

On a beaucoup reproché à Ferdinand II d'avoir donné, dans les dernières années de son règne, une situation prépondérante au clergé. On reconnaissait que la piété du roi était sincère et ardente ; mais on ajoutait que les pratiques de dévotion louables chez tous les chrétiens ne doivent pas aller jusqu'à absorber la plus grande partie des moments d'un souverain, et que le mysticisme, si digne d'admiration et d'envie chez les religieux voués exclusivement à la prière, n'est pas de mise chez un chef d'État. Quoique Ferdinand connût ses devoirs et sût au besoin oublier qu'il était roi, il était si plein de respect et d'amour pour l'illustre Pie IX, qu'il avait pu apprécier dans son exil de Carate et de Portici, qu'il était enclin à ne voir dans le clergé tout entier que les exécuteurs fidèles et sûrs des volontés du souverain pontife. Les révolutionnaires ne lui ont pas pardonné d'avoir abandonné aux prêtres l'enseignement ; nous sommes l'ennemi de tous les monopoles, partisan déclaré de la liberté en matière d'enseignement, nous ne sommes pas disposé à trouver bon pour les prêtres ce que nous avons trouvé mauvais pour les maîtres laïques en France. Que le père de famille puisse envoyer ses enfants à sa volonté dans les écoles laïques ou dans les écoles ecclésiastiques, rien de mieux ; nous serions de ceux qui donneraient la préférence aux écoles ecclésiastiques, mais nous voulons avant tout qu'on n'impose à personne cette préférence. Il est juste de reconnaître qu'à Naples, dans la pratique, beaucoup d'écoles laïques libres permettent aux pères de famille de faire élever leurs enfants à leur guise, et que le monopole de l'enseignement n'est pas aussi réel en fait qu'il existe en droit.

Mais si les accusations des révolutionnaires étaient fondées en partie lorsqu'elles portaient contre le monopole de l'enseignement, elles étaient fausses lorsqu'elles reprochaient au roi de se laisser exclusivement diriger par le clergé. Ferdinand a toujours été très-jaloux de son autorité ; nous avons dit plus haut la façon dont il avait prouvé ce sentiment à la France et à l'Angleterre, et combien ses ministres étaient empressés à le reconnaître dans leurs actes ; il n'avait pas plus abdiqué son pouvoir entre les mains du clergé qu'en toutes autres mains ; il pensait seulement que le clergé était plus propre à instruire la jeunesse que les laïques, et, dans sa crainte exagérée de la presse, il avait cru ne pouvoir confier à des censeurs ni plus éclairés ni plus dévoués, l'examen des productions de l'esprit. C'était une erreur ; car si les prêtres apprécient mieux que personne les attaques plus ou moins dissimulées dirigées contre la religion, l'inexpérience du monde leur fait trop souvent considérer comme dangereux des livres sans périls, quelquefois même utiles pour les hommes qui vivent dans la société. L'un des reproches les plus fondés dans le nombre des injustes attaques dirigées contre le gouvernement napolitain était celui de fermer ses frontières à trop de livres et de journaux étrangers, et de s'opposer avec une sévérité exagérée à la publication des auteurs nationaux. D'autant mieux que cette surabondance de précautions n'empêchait aucun livre, quelque mauvais qu'il fût, de parvenir entre les mains des gens assez riches pour le payer quatre ou cinq fois sa valeur. Il y a donc quelque chose à faire de ce côté, et le gouvernement du roi François II est trop intelligent pour ne pas remédier à cet inconvénient. Mais si nous blâmons la censure remise entre les mains des prêtres, nous ne saurions trop applaudir par contre à l'excellente mesure qui leur a confié la direction des prisons du royaume. Nous aurons occasion d'appuyer notre sentiment sur des faits ; le raisonnement suffit au reste pour faire comprendre combien le dévouement du prêtre ou de la sœur de charité doit être préférable à l'action des hommes ou des femmes faisant, pour un très-modeste salaire, le rude et pénible métier de garder les criminels dans les prisons.

C'était donc une action plus administrative que politique que Ferdinand accordait au clergé ; respectueux devant le ministre de Dieu dans les fonctions de son saint ministère, il ne lui abandonnait aucune de ses prérogatives de souverain. Un homme d'esprit et de savoir qui a joué un rôle important dans la politique de son pays, nous disait à Naples : « Ce qui attache le clergé au roi, c'est qu'il lui a abandonné la police ; croyez-moi, chez aucune puissance catholique du monde, le clergé ne sera jamais le partisan sincère du gouvernement, s'il n'est pas le maître de la police ; la munificence pour le besoin du culte, l'abandon même de l'enseignement national, ne sont rien pour lui, s'il n'a pas la police. » Cette boutade tombait à faux, car le roi ne chargeait personne de sa police, il avait des agents à lui, ardents, trop ardents même, qui excitaient plus qu'ils ne calmaient le mécontentement, mais ces hommes étaient à lui, rien qu'à lui. Que parmi eux il y eût des prêtres indignes, suivant nous, de leur ministère, nous le voulons bien ; mais ils ne remplissaient pas ces fonctions, parce qu'ils étaient prêtres, mais au contraire quoiqu'ils fussent prêtres. Le clergé napolitain n'a pas la tenue irréprochable du clergé français ; son nombre, considérable relativement à la population, le mêle trop à toutes les choses de la vie des autres habitants. Les religieux, principalement ceux des ordres mendiants, sont les hôtes habituels de toutes les maisons, où ils entrent plutôt en familiers qu'en apôtres. Le respect pour le caractère sacré est toujours aussi grand, mais le respect pour l'homme qui en est revêtu diminue promptement devant la familiarité de chaque jour. Chez un peuple moins sincèrement religieux, ces habitudes dégénéreraient vite en querelles ou en scandales ; chez les Napolitains, elles ne nuisent en quoi que ce soit à la foi, mais elles effacent le prestige de la robe du prêtre. Quoi qu'il en soit, si le clergé des Deux-Siciles manque un peu de dignité dans le bas de la hiérarchie, il ne manque pas de vertus, et il a eu le bonheur d'avoir successivement à sa tête, dans la première position ecclésiastique du pays, deux prélats admirablement faits pour donner l'exemple de toutes les perfections. Le cardinal Caracciolo était d'une charité restée proverbiale à Naples, où il a laissé le souvenir d'un saint ; son digne successeur, le cardinal Riario-Sforza, a toutes les qualités nécessaires à un prélat dans sa haute position. Jeune encore, de belle mine, de manières distinguées, plein de réserve et de dignité, c'est à la fois un prince et un prêtre ; il jouit de l'estime et du respect général dans les Deux-Siciles. Sous un pareil guide, le clergé ne peut pas manquer à ses devoirs ; il faut donc ranger parmi les fables les accusations d'immoralité dirigées contre ses membres, par des personnes intéressées à diminuer la salutaire influence qu'il exerce sur les masses.

La haute société napolitaine est une des plus agréables et des plus polies de l'Europe. Chaque étranger qui a eu le bonheur de passer un hiver à Naples sait à quoi s'en tenir à cet égard. Jadis, les étrangers étaient l'âme des fêtes de Naples ; sans parler des salons diplomatiques, qui sont restés ce qu'ils étaient alors, il y a quelque trente ans, à Naples, les riches étrangers étaient presque seuls à ouvrir leurs salons : telle famille américaine ou anglaise venait expressément dans cette ville pour donner des fêtes et se mettre en rapport avec les membres de l'aristocratie du pays. Les choses ont changé depuis cette époque : ce sont les Napolitains maintenant qui reçoivent les Napolitains et les étrangers eux-mêmes. Pour citer le seul de ces salons dont on puisse parler, par suite de la haute position de son maître, le salon du comte de Syracuse, l'un des frères du roi Ferdinand, est, par ses

réceptions splendides et par son bon goût, à la tête de cette réaction
de l'hospitalité nationale contre les prodigalités exotiques. Le prince
n'est pas seulement digne de son nom par sa magnificence, c'est encore un artiste d'un mérite incontestable, et il fait aussi bien les hon-
neurs de son atelier que du reste de son palais. A côté des fêtes priées
qui ont lieu dans l'hiver, chaque dimanche, le comte de Syracuse
ouvre son atelier, où se rendent à l'envi les hommes du monde, les
hauts fonctionnaires et les artistes. On a dit quelquefois que ce palais
était un foyer d'opposition, et les adversaires du roi n'ont manqué
aucune occasion d'opposer le prince à son auguste frère. Cette accusation est aussi erronée que les autres inventions de même origine; il
existe, dans le salon du prince, cette liberté de paroles que nous
avons déjà indiquée comme une des particularités les plus singulières
des salons napolitains, et à laquelle ont tant de peine à s'habituer les
étrangers, persuadés de la surveillance incessante de la police. Mais
de la critique animée, spirituelle, vive même, à l'opposition, il existe
un abîme. En fait, le comte de Syracuse, qui partage les tendances
éclairées de la grande partie des Napolitains instruits, est un des sujets les plus fidèles de son royal neveu, comme il a été jusqu'au bout,
respectueux et soumis à son frère couronné. S'il a existé des dissi-
dences entre ces deux princes, qui ont éloigné pendant plus ou moins
de temps leurs relations, il faut en chercher la cause dans des habitudes privées différentes, mais pas du tout dans une séparation
politique.

Un autre frère du roi exerce, lui aussi, une très-heureuse influence
sur son pays et est appelé à rendre des services sérieux au nouveau
roi de Naples; nous voulons parler du comte d'Aquila. Il est difficile
de trouver un prince plus séduisant que lui; il juge de haut la politique de l'Europe et professe les idées les plus saines sur le rôle du
royaume des Deux-Siciles. Outré des faussetés débitées sur Naples par
les journaux étrangers, il ne serait pas éloigné d'une plus grande latitude laissée à la presse nationale qui lui permettrait de répondre aux
calomniateurs de son pays sans avoir l'air d'obéir à un ordre. Le
comte d'Aquila résume assez exactement les aspirations des intelli-
gences élevées de ses compatriotes dévoués à la royauté jusqu'au
sacrifice, mais désireux de la voir tendre vers des pratiques plus
libérales.

Le dernier frère de Ferdinand II, le comte de Trapani, est extrême-
ment sympathique à toutes les classes de la société; le jeune roi a
donc autour de lui, pour conseil et pour appui, trois membres de sa
famille qui doivent l'encourager à suivre la voie de la sagesse et du
progrès.

Nous avons dit, au début de cet écrit, que l'aristocratie napolitaine avait eu le tort, en général, de se tenir trop éloignée de l'administration de son pays ; c'est elle, néanmoins, qui a fourni les personnages les plus considérables de la politique, de la diplomatie et de l'armée. Quand on arrive à Naples avec l'opinion préconçue de l'ignorance des seigneurs napolitains, on est tout surpris de trouver des hommes éclairés, instruits de tous les événements du monde, en parlant avec une finesse, un tact et un esprit dignes de l'envie de tous les gens distingués.

Le savoir et les qualités de l'esprit ne sont pas le partage exclusif de l'aristocratie napolitaine ; dans toutes les classes de la société, on est frappé des connaissances variées de la plupart des personnes avec lesquelles on se trouve en rapport. Nous avons eu occasion de voir de près des hommes qu'un voyageur a bien peu de chance de rencontrer dans son passage à Naples ; nous avons pratiqué familièrement des magistrats, des jurisconsultes, des poëtes, des artistes, des savants, et nous sommes encore à nous expliquer sur quoi est fondée la mauvaise opinion répandue contre un peuple qui possède dans son sein tant d'éléments remarquables. Ce qui manque aux Napolitains, c'est l'occasion de faire apprécier ce qu'ils valent. Nous demanderions plutôt pour eux plus de facilité pour développer leurs brillantes qualités, qu'une plus grande somme de libertés politiques. Certes, les essais parlementaires tentés à Naples en 1820 et en 1848 n'ont pas été heureux, et pourtant bien des membres de ces assemblées ont trouvé le moyen de faire apprécier leur valeur personnelle ; qu'on laisse aux hommes éminents de tout genre, qui abondent dans le royaume des Deux-Siciles, les facilités nécessaires pour se faire connaître, et l'on verra bien vite disparaître cette défiance exagérée, qui éloigne de la publicité de leurs œuvres les écrivains les mieux faits pour illustrer leurs noms. Nous ne nous dissimulons pas que si nos vœux étaient exaucés, le mouvement littéraire serait immense, et que, toutes proportions gardées, il se produirait quelque chose d'analogue à ce qui s'est passé en France au xviii⁰ siècle. Cette conviction n'ébranle pas notre manière de voir, car nous croyons fermement qu'un peuple, pour s'élever à la pratique intelligente et sans dangers de la vie politique, a besoin d'avoir été remué par les travaux de la pensée. Ce qui nous rassure aussi, c'est qu'à la place des encyclopédistes, on trouverait dans les Deux-Siciles des littérateurs imbus des idées philosophiques les plus élevées et presque toujours les plus chrétiennes. De façon que le peuple tout entier, instruit et fortifié par ces bonnes doctrines, arriverait sans luttes et sans crises à la maturité politique qui lui manque en ce moment.

CHAPITRE IV.

Bonne situation de l'armée, de la marine et des finances siciliennes. —
Un mot sur les travaux publics.

Il n'y a qu'une voix en Europe pour vanter l'armée et la marine
siciliennes. Ferdinand II a donné une impulsion des mieux entendues
à l'accroissement des forces de terre et de mer du royaume. Ses adversaires lui ont même beaucoup reproché d'avoir exagéré au delà des
besoins d'un État de second ordre les dépenses militaires; mais il
n'en est pas moins exact que ces forces ont puissamment contribué à
maintenir ou à rétablir la tranquillité intérieure et à assurer à son
pays une position respectable à l'étranger. Les révoltes récentes de
quelques régiments suisses, provoqués au moins autant par les intrigues révolutionnaires que par la suppression des signes de la nationalité helvétique sur les drapeaux, ont modifié la composition de
l'armée. Tout porte à croire que cette modification n'enlèvera rien
à la solidité de ces troupes, que l'on peut ranger au premier rang
parmi celles des nations de moyenne importance. La flotte napolitaine
est remarquablement composée : l'arsenal de Pietrarsa est à la hau-
teur des établissements les mieux tenus de même nature dans le reste
de l'Europe. Ces résultats satisfaisants ont été obtenus sans grever
d'une façon trop lourde les ressources financières.

Un ancien ministre des finances à Naples pendant la dernière tenta-
tive constitutionnelle, M. Scialoja, a publié dans la revue piémontaise
le *Dix-neuvième siècle*, un travail où il compare l'état des finances
dans le royaume de Naples avec celui des États sardes [1]. Il s'efforce de
démontrer que la situation financière de l'État libéral est bien préférable à celle de l'État soumis à l'absolutisme. Nous avons examiné avec
soin cette publication dont les arguments nous ont d'autant moins frappé
que l'auteur lui-même semble moins convaincu qu'il ne veut le paraître
de l'exactitude de ses conclusions. « Vraiment, dit-il, les Napolitains
devraient imiter les Romains, qui, au dire de Machiavel, élevaient plus
de temples à la Fortune qu'à toute autre divinité... » Et plus loin : « La
Fortune, qui, jusqu'à ce jour, a souri aux gouvernants du bon peuple
napolitain, ne suffit pas pour assurer la stabilité d'un règne. » Tandis

---

[1] *I Balanci del regno di Napoli e degli Stati sardi*, con note e confronti, di A. Scialoja.
Torino, 1857.

qu'il ajoute : « Près de nous (à Turin, où M. Scialoja est réfugié à la suite d'une condamnation commuée en exil perpétuel), au contraire, depuis 1848 et principalement depuis les réformes opérées en 1850, le destin semble avoir tout préparé pour faire manquer leurs bons effets, pour empêcher la mise en pratique du nouvel ordre de choses, et pour mettre à l'épreuve la constance des hommes qui ont favorisé son établissement. »

Plusieurs publicistes napolitains se sont chargés de réfuter les accusations de M. Scialoja; nous citerons entre autres : Mgr Salzano [1], qui s'est borné à parler de la question ecclésiastique, et MM. Scalamandrè [2], Agostino Magliani [3] et Federico del Re [4], qui nous paraissent avoir victorieusement répondu aux accusations financières. Au reste, les faits sont là pour démontrer la bonne situation des finances des Deux-Siciles, et les seuls vœux raisonnables qui puissent être formés sont ceux de voir donner une publicité régulière et normale à cette situation. Le gouvernement n'aurait qu'à gagner à faire connaître l'état de ses ressources.

Il existe à Naples une institution financière toute spéciale qui rend des services journaliers aux habitants de cette ville et de tout le royaume, c'est l'institution des *fedi di credito* et des *polizze notate*. Toute personne qui dépose à la banque une somme d'argent voit son dépôt certifié par un *madrefedi*. Elle reçoit en échange un titre appelé *fede di credito*, transférable par endossement et remboursable à vue, ou bien elle a droit de tirer sur la caisse de la banque des mandats spéciaux connus sous le nom de *polizze notate*, jusqu'à concurrence de la totalité de son dépôt. Cette faculté est déjà bien précieuse pour faciliter les transactions de toute sorte, mais le porteur de ces billets jouit d'un autre avantage plus grand encore. Toutes les fois qu'il transmet par endossement des *fedi di credito* ou qu'il remet des *polizze notate*, il a le droit d'écrire dessus la cause du payement qu'il entend faire avec leur valeur, et même de transcrire en entier le contrat en vertu duquel il effectue le payement. Or, comme ces billets ou ces mandats peuvent être d'une valeur presque insignifiante (45 centimes au minimum), on s'explique que leur usage se soit généralisé au point qu'on s'en serve dans toutes les transactions et dans tous les payements, principalement dans ceux ou la loi exige certaines formalités pour assurer leur vali-

---

[1] *Osservazioni sugli affari ecclesiastici di Napoli, comparati con que' del Piemonte*, da servir di riposta all' opuscolo detto *I Balanci* del sig. Scialoja, prof. in Torino, per monsignor Salzano, consultore di stato. Napoli, 1858.

[2] *Gli errori economici di un opuscolo detto I Balanci del regno di Napoli et degli Stati sardi*, confutato per G. Scalamandrè. Napoli, 1858.

[3] *Della condizione finanziera del regno di Napoli*, per Agostino Magliani.

[4] *Analisi dell' opuscolo I Balanci del regno di Napoli e degli Stati sardi*, con note et confronti, di A. Scialoja, per Federico del Re.

dité. En effet, aussitôt que ces *fedi* et ces *polizze* ont été reçus, ils sont portés à la banque, qui les transcrit, avec toutes les mentions qui s'y trouvent, sur un registre à ce destiné, et qui conserve en ordre les originaux et remet une copie entre les mains du contractant. A quelque moment que ce soit, lorsqu'il s'agit d'une contestation sur les termes ou sur la date d'une de ces conventions, il est loisible de réclamer à la banque un extrait des inscriptions. Cet extrait fait foi en justice et ne coûte à la personne qui le réclame qu'un très-faible droit et le prix d'une feuille de papier timbre. Dans la ville de Naples il n'y a, pour ainsi dire, pas un seul reçu de payement, un contrat de vente ou d'achat d'effets mobiliers, qui ne reçoive date certaine et caractère authentique au moyen des *fedi di credito* ou des *polizze notate*. Chaque propriétaire, chaque commerçant est pourvu de ces petits billets pour en user à mesure de ses besoins. M. Scialoja, à qui nous empruntons l'exposé de ce système de crédit, de préférence à un auteur ami du du gouvernent napolitain, ajoute « qu'il est facile de comprendre combien cette institution, qui donne gratuitement à chacun le moyen d'avoir, pour ainsi dire, un notaire dans sa poche, doit être répandue dans toutes les classes de la société. »

Les travaux publics de Naples sont loin d'être aussi négligés que les adversaires systématiques de cet État se sont efforcés de le faire croire. Que Ferdinand II se soit montré peu empressé à favoriser l'extension des chemins de fer dans son pays, cela est à peu près vrai ; pourtant sa répugnance ne portait pas tant sur les chemins de fer eux-mêmes que sur la nationalité des gens qui voulaient se charger de leur confection. Il aurait désiré que ce fussent des Napolitains qui fissent les chemins de fer napolitains ; de là les retards, les obstacles apportés par son gouvernement à la marche prompte des entreprises étrangères.

Le souverain actuel des Deux-Siciles vient de donner l'impulsion à l'établissement des lignes de fer dans son royaume. Avant peu, nous verrons ce pays traversé par les lignes principales reliant Naples au grand réseau européen par sa jonction avec les chemins de fer romains et uni aux deux mers qui baignent ses frontières de terre ferme.

Les routes et les travaux d'art qui les complètent sont en très-bon état ; quelques-unes mêmes sont de véritables tours de force exécutés par les ingénieurs ; la route de Naples à Terracine, que nous citons parce que c'est celle que les étrangers connaissent le mieux, peut servir de preuve au talent avec lequel ont été vaincues les difficultés naturelles pour l'établissement des routes.

Les villes elles-mêmes se mettent en dépense afin d'améliorer leurs rues, de faire disparaître ces vieilles maisons, qui semblaient n'avoir été ni changées ni réparées depuis des siècles ; et la ville de Naples accomplit dans ce moment, par le percement de la rue Marie-Thérèse, une œuvre autrement difficile comme travail d'art que le percement de la rue de Rivoli.

Les autres travaux publics n'ont pas été négligés ; les arsenaux, les forts, les casernes, ont tous reçu de grandes améliorations ; la citadelle de Gaëte, outre les grands travaux nécessaires qui ne lui ont pas été épargnés, va recevoir une statue du célèbre sculpteur Persico, pour rappeler le souvenir du séjour du Saint-Père dans cette forteresse. La façon dont le prix en a été fixé est de nature à rectifier l'opinion acceptée sur les procédés de Ferdinand vis-à-vis des artistes : c'est pour cela que nous plaçons ici cette anecdote.

Le roi avait commandé une statue de la Religion à M. Persico, sans fixer de prix à son œuvre. Après six années de travail, la statue touchait à son terme ; on fit prier l'artiste de dire ce qu'il en voulait ; il réclama 6,000 ducats. Le ministre des finances crut pouvoir demander au statuaire s'il ne se contenterait pas à moins. M. Persico répondit alors qu'il préférait ne fixer aucun prix à son œuvre et s'en rapporter à la décision du roi lui-même, lorsque la statue serait achevée, qu'il priait le ministre des finances de faire connaître au roi son désir. Le ministre le lui promit et lui tint parole. « Faites savoir à Persico, dit Ferdinand, que je n'ai pas besoin de voir sa statue pour la lui payer ce qu'il l'estime ; qu'il l'achève comme il l'a conçue, et qu'on lui compte aussitôt les 6,000 ducats. » Au reste, cette œuvre méritait cette façon d'agir du roi, car c'est un véritable chef-d'œuvre d'art et de sentiments religieux.

—∞—

CHAPITRE V.

Analogie de l'organisation administrative avec l'organisation française. — Le mont-de-piété des sept œuvres de la Miséricorde. — Établissement de l'Annunziata.

L'administration intérieure a beaucoup d'analogie avec l'organisation française ; l'intendant est un préfet qui a sous ses ordres des sous-intendants, et le syndic tient lieu de notre maire. A côté de l'intendant se trouve le conseil provincial, à qui sont soumises plus de questions soit à examiner, soit à résoudre que la législation française n'en réserve aux conseils généraux. Il est vrai que les membres ne sont pas élus par le suffrage universel, et qu'ils ont en apparence moins d'indépendance par ce fait. Quant aux conseils des communes, ils peuvent à juste titre se plaindre de l'amoindrissement de leurs attributions qui remonte à l'occupation française, et nous ne saurions jamais assez répéter que la première réforme à apporter dans l'organisation intérieure des Deux-Siciles, doit porter ses attributions communales. Nous ne nous proposons pas de faire un cours d'administration dans cette brochure ; nous n'avons pas, non plus, la prétention de tracer au gouvernement napolitain les modifications à apporter aux lois en vigueur dans le royaume ; il nous semble préférable de faire connaître à nos lecteurs quelques-unes des institutions du pays qui s'écartent le plus de nos usages français, et qui offrent, par suite, un sujet d'étude plus intéressant. Peut-être ces quelques exemples de ce qui se passe dans un pays qu'on dit si arriéré, ne seront-ils pas inutiles à nos économistes et à nos législateurs. Nous commencerons par parler d'un établissement charitable fort ancien et fort estimé dans les Deux-Siciles, où il est connu sous le nom de *Mont-de-Piété des sept œuvres de la Miséricorde.*

Un jeudi de l'année 1601, plusieurs seigneurs napolitains avaient projeté d'aller à Pausilippe faire ce que nous appellerions de nos jours un pique-nique ; mais le mauvais temps s'étant opposé à l'exécution du projet, et ces seigneurs ne voulant pas faire gras le lendemain, qui était un vendredi, résolurent de porter les éléments de leur repas de la veille aux malades de l'établissement des incurables. Profondément émus de la façon dont fut accueillie leur offrande par ces pauvres malheureux, ils recommencèrent le vendredi suivant leur distribution charitable, puis entraînés par cet élan qui suit toujours l'accomplissement d'une bonne œuvre, ils se décidèrent à étendre leur association. Il fut établi que chacun des membres irait tous les mois quêter par les rues de la ville des aumônes en faveur des indigents malades. Ainsi fut fondée l'œuvre admirable qui existe encore à Naples ; son début modeste a été une des causes de son succès, comme il est arrivé à toutes les grandes œuvres du monde catholique. Dans le principe, les fondateurs de cette association avaient borné leur action à secourir les malades recueillis dans les hôpitaux, mais en moins d'une année la société prit un tel développement qu'elle dut jeter les bases d'une institution réunissant à sa première œuvre presque toutes les autres, telles que l'hospitalité aux étrangers, le secours aux pauvres, la visite aux prisonniers, le rachat de ces malheureux, etc... On rédigea un règlement en trente-deux articles, que l'on soumit, le 10 juin 1602, à l'approbation du vice-roi, le comte de Benavente. Ce règlement fut confirmé le 15 novembre 1605 par un bref du pape Paul V, par lequel le souverain pontife enlevait le mont de la Miséricorde à la juridiction ordinaire, et le plaçait sous la dépendance directe du saint-siége.

Depuis cette époque, cette grande société de charité a naturellement subi quelques modifications dans ses règlements et dans ses rapports avec l'autorité. Dès le début, la société s'administrait complétement seule sans aucune ingérence des pouvoirs publics ; aujourd'hui, le gouvernement y exerce son influence, mais dans des proportions qui laissent encore une grande initiative aux membres de la société. Le dernier acte du gouvernement qui régisse le mont-de-piété de la Miséricorde, remonte au 16 octobre 1853 ; ce décret établit que le gouvernement (governo) du mont-de-piété de la Miséricorde est composé d'un intendant et de six gouverneurs; que les gouverneurs sont choisis par le roi sur une liste triple dressée par le gouvernement de l'établissement à la suite d'un vote du conseil général de la congrégation, revue par le ministre de l'intérieur. Le surintendant est également choisi parmi les gouverneurs sur la proposition du ministre. La durée des fonctions est de trois ans. Celle des fonctions des gouverneurs est de trois ans ou plutôt de six semestres, suivant les anciens usages du mont-de-piété. Chaque semestre, un des gouverneurs doit être changé, à commencer par le plus ancien. Le gouverneur sortant ne peut être replacé sur la liste de présentation qu'après un intervalle de trois années, à moins que le gouvernement ne juge à propos de s'écarter de cette règle pour des raisons spéciales. Le décret chargeait, enfin, le ministre de l'intérieur de préparer un règlement pour l'institution. Certes, ces dispositions laissent une grande latitude au gouvernement royal dans la direction de cet établissement charitable ; mais on voit néanmoins qu'une part d'action assez importante est encore laissée aux membres du conseil général de la société par le droit de former au scrutin une liste sur laquelle l'autorité est forcée de choisir les gouverneurs. Le règlement prévu par le décret de 1853 a été approuvé par le roi le 7 octobre 1856.

Nous allons l'examiner avec quelque détail, afin de donner une idée plus complète de cette œuvre qui a si peu d'analogie avec nos institutions françaises. La confrérie du mont-de-piété des sept œuvres de la Miséricorde se compose d'au moins quatre-vingts gentilshommes de famille noble et d'habitudes honorables. Les nouveaux confrères sont proposés par le gouvernement du mont-de-piété au conseil général, qui vote sur leur admission au scrutin secret. La réception n'est définitive que lorsque le nouveau confrère a versé, au bénéfice de la société, une somme de 20 ducats (90 francs). Le conseil général, y compris les gouverneurs, se compose d'au moins vingt confrères, qui ne peuvent avoir moins de dix-huit ans. Il se réunit deux fois chaque année dans l'octave de la fête de la Purification et dans l'octave de la fête de l'Annonciation de la sainte Vierge, afin de procéder à l'élection d'un nouveau gouverneur. Il peut, en outre, être réuni chaque fois que le gouvernement du mont-de-piété le croit nécessaire. A la réunion du conseil du mois de février, on nomme deux confrères pour faire les rapports sur le compte moral de l'administration du mont-de-piété pendant l'année précédente. Ces rapports sont lus à l'assemblée générale de la société.

Ce règlement reproduit forcément les dispositions du décret de 1853, en ce qui concerne les nominations du surintendant et des gouverneurs, puis il s'occupe de leurs différentes attributions. Le surintendant préside le gouvernement, et, en son absence, la présidence revient au plus ancien des gouverneurs présents à la séance. La présence de quatre gouverneurs au moins est nécessaire pour la validité des délibérations. Le gouvernement se réunit une ou deux fois par semaine, et toutes les fois que le surintendant juge utile de le réunir extraordinairement. Il peut être également convoqué à la demande d'un des gouverneurs, pour entendre et discuter les propositions que chacun d'eux doit faire relativement à la charge qui lui est confiée. Toutes les résolutions sont prises à la majorité des voix ; s'il y a partage, l'affaire est discutée de nouveau à la plus prochaine réunion, et si l'égalité subsiste dans les votes, il en est fait rapport au ministre de l'intérieur. Aucun payement n'a lieu sans la signature du gouverneur, dans les attributions duquel rentre la dépense. Le gouvernement du mont peut adjoindre des confrères à chaque gouverneur, mais ils n'ont jamais voix délibérative dans les affaires de la société. Il peut également admettre des bienfaiteurs sur leur demande et à la majorité des voix.

Le surintendant correspond avec le ministre, a la surveillance de tous les employés, et s'occupe de l'œuvre des bains d'Ischia. L'un des gouverneurs est chargé de l'administration des revenus du mont ; un second s'occupe des biens-fonds urbains et ruraux ; un troisième suit spécialement les procès et les affaires contentieuses ; un quatrième distribue les secours au pauvres honteux, toutes les autres aumônes, et s'occupe des places gratuites à donner dans les colléges ou dans les monastères ; il surveille également l'œuvre qui a pour but de sortir de la misère et du vice les jeunes filles repenties ; un cinquième gouverneur a pour mission de visiter les prisonniers, de libérer les détenus pour dettes et de distribuer les dots, tant pour le mariage que pour l'entrée au couvent ; le sixième, enfin, a la charge de s'occuper des malades à domicile ou à l'hôpital et de la sépulture des morts.

Le gouvernement du mont peut changer les gouverneurs de leurs fonctions ou même modifier leurs attributions, dans l'intérêt de la bonne administration de la société.

Il est inutile d'entrer dans le détail des œuvres de charité accomplies par la société, il suffit de les énumérer : les bains d'Ischia distribués gratuitement aux pauvres malades ; les secours aux pauvres honteux ; la création de bourses dans les établissements d'éducation ou dans les noviciats pour les jeunes garçons et les jeunes filles ; des dots à fournir, soit pour les mariages, soit pour l'entrée au couvent ; le placement dans des asiles sûrs des jeunes filles repenties ; la visite des prisonniers ; la libération des détenus pour dettes ; la visite des malades à domicile ; l'établissement de lits dans les hôpitaux ; la distribution de vivres aux malades des hospices ; la sépulture des morts.

Tel est l'œuvre à laquelle sont voués les plus grands seigneurs de Naples. On voit qu'aucune misère n'a été oubliée, et on peut ajouter qu'aucune précaution n'a été omise pour que les secours arrivent à ceux qui en ont le plus grand besoin et pour qu'ils soient distribués de la façon la plus intelligente et la plus profitable.

Il serait facile de multiplier les exemples de la bonne application de la charité privée à Naples. Nous ne voulons pas trop nous étendre ; nous aimons mieux démontrer, par la façon dont se pratique la charité publique, que là encore les sentiments chrétiens l'emportent sur toute autre considération. Pour ne pas être accusé de choisir un exemple à l'abri de la discussion, nous choisirons, au contraire, l'œuvre la plus contestée de la charité moderne : nous avons nommé l'hôpital des Enfants-Trouvés.

A Naples, cet hôpital est connu sous le nom d'établissement de l'Annunziata. La haute direction en est confiée en ce moment au chevalier de Balzo, qui donne une impulsion si heureuse aux améliorations à apporter dans les bâtiments et dans le service économique, que cet hospice laisse bien peu à désirer et peut servir de modèle à beaucoup d'autres de même nature. L'admission des enfants est complétement libre, le tour est assez grand pour recevoir même des enfants d'une douzaine d'années, et l'on cite l'exemple d'une jeune fille sourde-muette de quinze à seize ans, arrivée à l'hospice par le tour sans en avoir souffert. Chacun, homme ou femme, Napolitain ou étranger, a le droit de frapper au tour. Aussitôt que la sœur de garde entend le signal convenu, elle demande : « Qui est là ? » On répond invariablement : « C'est un enfant. — Où est-il né ? — A Naples, à Reggio, à Palerme, ou en tout autre lieu. — A quelle époque ? — Ce matin, il y a six mois, il y a dix ans. — Comment s'appelle-t-il ? » Ici un nom ; puis tout est dit. La sœur fait jouer le ressort, et le tour apporte l'enfant dans l'intérieur de l'hospice. On inscrit immédiatement sur un registre courant, et on recopie ensuite sur un livre spécial les indications vraies ou fausses qui viennent d'être fournies sur l'enfant ; on lui attache au cou une médaille en plomb qui porte d'un côté l'image de l'Annonciation de la sainte Vierge, et de l'autre un numéro d'ordre. Cette médaille est soudée de telle façon qu'on ne peut pas l'enlever sans couper le cordon assez fort qui la retient. Si quelque

signe de reconnaissance est placé sur l'enfant, il est précieusement
conservé, et il en est fait mention sur le livre d'admission. Le chef de
bureau de l'hospice est en même temps le secrétaire de l'officier de
l'état civil du quartier où se trouve l'établissement ; les bureaux
mêmes de l'hospice servent de centre à l'administration de ce fonc-
tionnaire, de manière à assurer le plus complétement possible un état
civil à ces pauvres petits êtres abandonnés.

L'hospice vient de subir tout récemment de grandes et d'heureuses
réparations qui ne sont pas même complétement terminées ; il reste
encore quelques traces de l'ancien local qui suffisent à montrer combien les améliorations récentes étaient nécessaires. Pourtant les habi-
tantes de ces affreux réduits sont au regret d'avoir à renoncer à leurs
vieilles habitudes, et elles se plaindraient presque d'être actuellement
trop somptueusement logées. Dans l'état actuel, l'air et le soleil arrivent de toutes parts et la santé des enfants et des adultes aura beaucoup à gagner à ce changement.

Il existe dans l'hospice deux divisions bien distinctes et si complétement séparées que ce ne sont pas à des religieuses d'un même
ordre que sont confiés les soins de chacune des deux parties de l'établissement.

Il y a d'une part l'hospice proprement dit *des Enfants-Trouvés*, et
de l'autre un hospice ordinaire qui se divise lui-même en deux services
bien distincts : l'internat (alunnato) où se trouvent les enfants âgés
de plus de sept ans qui ne sont pas placés au dehors, mais qui sont
encore en âge d'être placés, et les anciens élèves qui sont infirmes et
les vieillards pour lesquels on a perdu tout espoir de placement.
Jusqu'à l'âge de sept ans, les enfants des deux sexes restent à l'Annunziata ; ensuite les garçons sont envoyés à l'*albergo dei poveri*, et
les filles restent seules dans l'établissement. Les crèches , où sont
placés les enfants encore au sein, sont très-bien tenues ; les nourris-
sons y sont très-proprement couchés , et chaque nourrice a deux
enfants à allaiter. On a renoncé complétement à l'allaitement artificiel,
et on s'efforce autant que l'on peut à faire nourrir et élever l'enfant en
dehors de l'hospice. Le système de la nourriture à la campagne pour
15 *carlins* par mois (6 fr. 75 c. environ), ou en ville sans aucune ré-
tribution, tend à prévaloir, et très-souvent l'enfant est adopté par la
famille nourricière.

Les résultats de ce régime hospitalier sont des plus satisfaisants.
M. le chevalier de Balzo a bien voulu nous communiquer les chiffres
officiels du mouvement des enfants dans l'hospice pendant dix années,
et nous sommes heureux de pouvoir les faire passer sous les yeux de
nos lecteurs :

COMPTE RENDU

PENDANT

DES ENFANTS-TROUVÉS DANS L'ÉTABLISSEMENT

depuis le 1er janvier 1848

PROVENANT

ANNÉES	DE LA VILLE DE NAPLES.	DES DISTRICTS.	DE LA TERRE DE LABOUR.	DE MOLISE.	DE L'ABRUZZE CITÉRIEURE.	DE L'ABRUZZE ULTÉRIEURE SECONDE.	DE LA CAPITANATE.	DE BARI.	DE LA TERRE D'OTRANTE.	DE LA PRINCIPAUTÉ CITÉRIEURE.	DE LA PRINCIPAUTÉ ULTÉRIEURE.	DE LA BASILICATE.	DE LA CALABRE CITÉRIEURE.	DE LA CALABRE ULTÉRIEURE SECONDE.	DE LA CALABRE ULTÉRIEURE PREMIÈRE.
1848	1153	382	243	3	»	2	5	»	»	170	190	36	5	4	5
1849	1201	385	224	2	»	3	1	»	1	182	193	34	4	1	»
1850	1027	387	182	»	»	1	2	»	»	171	163	36	4	1	4
1851	1066	378	202	»	»	2	1	1	»	150	165	30	»	2	2
1852	990	358	242	1	2	5	1	»	»	145	225	34	12	13	»
1853	1023	392	223	1	5	4	3	»	»	189	248	28	6	4	»
1854	1099	451	201	3	»	»	»	2	3	198	266	32	6	4	»
1855	1038	400	195	1	5	1	3	»	1	165	232	36	6	4	»
1856	1080	363	251	2	1	1	2	»	»	155	182	30	3	4	»
1857	1100	328	190	»	1	»	»	3	»	156	177	24	2	»	»

DES MOUVEMENTS

DIX ANS

ROYAL DE L'ANNUNZIATA, A NAPLES,

jusqu'au 31 décembre 1857.

DE PALERME.	DE MESSINE.	DE BÉNÉVENT.	TOTAL.	RESTÉS DE L'ANNÉE PRÉCÉDENTE.	RENDUS DE NOUVEAU PAR LEURS MÈRES.	TOTAL DES ENFANTS ENTRÉS, RESTÉS ET RENDUS.	ÉDUCATION extérieure PAYÉE.	GRATUITE.	ENTRÉS CHEZ LEURS PARENTS.	DANS L'INTERNAT DEPUIS L'ÂGE DE 7 ANS.	MORTS A L'HOSPICE.	EXISTANT ALLAITÉS.	SEVRÉS.	TOTAL DES ENFANTS Allaités à l'extérieur, rendus à leurs parents, entrés à l'internat, morts à l'hospice et existant au 31 décembre de chaque année.
1	1	8	2177	477	476	2830	1454	505	19	8	868	259	17	2830
»	»	1	2226	276	242	2744	1373	576	44	14	567	163	40	2744
»	»	2	1977	173	323	2473	877	727	19	3	663	474	14	2473
»	1	»	2000	182	278	2460	862	672	21	4	670	220	14	2460
»	1	2	2000	234	255	2486	806	643	20	2	765	237	13	2486
»	3	1	2134	250	280	2664	784	688	12	10	859	293	18	2664
»	»	»	2325	314	280	2916	791	644	27	12	1180	276	19	2916
»	4	4	2089	295	289	2773	877	694	21	9	854	303	19	2773
»	»	1	2044	324	281	2646	838	668	24	3	864	321	34	2646
»	»	1	1982	252	267	2501	715	704	32	3	799	231	17	2501

En jetant un coup d'œil attentif sur ce tableau, il est facile aux personnes qui se sont occupés de la question si controversée des enfants-trouvés, de se convaincre que la liberté complète du tour n'a en aucune façon contribué à l'augmentation des enfants-trouvés. Il n'est pas inutile d'ajouter que l'infanticide et l'avortement sont deux crimes inconnus dans les Deux-Siciles. Nous n'avons pas pour but de discuter ici la question des tours, nous citons simplement les résultats obtenus dans un pays assez charitable pour n'avoir apporté aucune restriction aux admissions des enfants-trouvés.

Aussi, pendant les années de misère, combien de familles pauvres profitent-elles de cette liberté en envoyant au tour leurs enfants légitimes! Certes, cette facilité deviendrait promptement un grand abus si elle faisait perdre l'état civil à des enfants légitimes; mais il n'y a pas d'exemple, si ce n'est en cas de mort des parents, que des enfants légitimes déposés au tour de Naples n'aient pas été plus tard réclamés par leur famille. Il reste donc ce fait consolant que l'hospice des enfants-trouvés n'est plus le lieu exclusivement réservé aux fruits des fautes et des crimes, mais qu'il s'ouvre aussi aux pauvres enfants des familles honnêtes dont les unions ont été bénies par la religion et légitimées par la loi, et que cette complète liberté ne charge pas outre mesure les finances de l'établissement. En effet, les chiffres officiels nous montrent que le nombre des enfants y reste presque toujours stationnaire, et si l'on remarque une tendance, c'est plutôt dans le sens de la diminution des dépôts.

Ce qui complète l'admirable prévoyance de l'Annunziata, c'est l'hospice annexé à l'hôpital des enfants-trouvés. En France, après douze ans, l'hospice dépositaire ne doit plus rien au pauvre abandonné; si l'on parvient à prolonger un peu cette période de protection, c'est au moyen d'industries charitables qui ne peuvent être prises pour règle. A Naples, si l'enfant déposé est une fille, il peut rester dans cet asile jusqu'à son dernier jour; l'administration fait tout ce qu'elle peut pour que cela ne soit pas, mais elle est préparée à accepter cette solution, s'il n'est pas possible d'en trouver une meilleure.

Nous avons déjà dit que les élèves de l'internat étaient les filles âgées de plus de sept ans, encore en âge d'être placées en dehors. Chaque jour, les familles de Naples viennent y chercher des domestiques, et bien souvent des hommes du peuple y choisissent une femme, de préférence à tout autre. C'est un bonheur pour une famille napolitaine d'adopter *un enfant de la Vierge*, suivant l'expression consacrée. Combien de fois, dans une circonstance grave, des familles n'ont-elles pas fait le vœu d'adopter une fille de l'hospice, et ce vœu est religieusement tenu; l'enfant de la Vierge aura même toujours la meilleure place au foyer domestique : il passe, à juste titre, pour être le gage de la tranquillité de la famille, et Dieu se complaît à cette naïve croyance, dont l'effet est de faire des heureux.

Quand il s'agit d'un mariage, l'homme adresse sa demande au sur-intendant, qui prend des informations sur sa moralité, et si les renseignements sont satisfaisants, à la plus prochaine fête de la sainte Vierge, il lui fait présenter séparément deux ou trois jeunes filles de l'internat, parmi lesquelles il fait son choix. Chacune de ces filles a droit à une petite dot, payée par l'établissement au moment du mariage. Aussi n'accorderait-on pas cette récompense à une élève qui n'en serait pas digne par sa conduite. Les religieuses préparent donc ces enfants à devenir de bonnes mères de famille ou de bonnes domestiques ; il y a dans l'internat des salles de lecture, de tricot, de filature, de dentelle même ; on leur apprend aussi à repasser, et le service intérieur dans tous ses détails est confié aux plus fortes d'entre elles.

Enfin, quand tout espoir soit de placer les élèves, soit de les marier, est perdu, on les fait passer dans l'hospice proprement dit, où elles resteront jusqu'à leur dernier jour, bien nourries, bien couchées, bien vêtues et n'ayant qu'à bénir la Providence de ses bienfaits, au lieu d'avoir à la maudire, comme dans tant d'autres pays, où ces maheureuses sont trop souvent un objet de moquerie ou d'horreur. Admirable influence de la charité bien comprise et bien appliquée, qui place à la tête des nations le peuple assez généreux pour ne reculer devant aucun sacrifice, dans le but de soulager ces déshérités de la famille.

Malgré cette générosité, les dépenses de l'Annunziata ne sont pas supérieures à ses ressources ; les revenus de l'hospice s'élèvent environ à 75,000 ou 80,000 ducats de rente (337,000 fr. ou 360,000 fr.), qui suffisent non-seulement aux dépenses courantes, mais ont même permis de solder les réparations si nécessaires opérées dans les bâtiments. L'administration n'a pas besoin d'avoir recours aux finances de l'État ni de la province ; aussi reste-t-elle libre de ses actions et peut-elle se laisser guider par le seul désir d'améliorer la situation des malheureux qui lui sont confiés, sans avoir à se préoccuper de la question économique.

A côté de l'hospice, on trouve l'église de l'Annunziata, l'une des plus belles et des plus riches de Naples ; elle est administrée par les hommes dévoués qui dirigent l'hospice.

En résumé, nous pouvons hardiment conclure que l'hospice des enfants-trouvés à Naples est l'un des mieux tenus et des plus charitablement dirigés de l'Europe, et qu'il serait à désirer qu'il servît de modèle aux autres établissements de même nature.

CHAPITRE VI.

[Les prisons de Naples :] San-Aniello [ou l'Institut artistique ; Santa-Maria [d'Agnone ;
San-Francesco ; la Vicaria.

Mais, nous diront les détracteurs de Naples, vous avez trop beau
jeu à vanter les établissements charitables de la capitale des Deux-
Siciles ; nous n'avons jamais contesté qu'à côté de tant de maux il ne
se trouvât un peu de bien, et n'était l'inconvénient que ce bien se fasse
par les nobles, les prêtres et les religieuses, nous serions prêts à reconnaître que la bienfaisance publique et privée s'y pratique avec zèle
et dévouement.

N'insistons donc pas sur ce sujet ; parlons plutôt des prisons de
Naples, contre lesquelles ont été déchaînées toutes les colères des adversaires du régime sicilien. Il nous serait facile de rappeler les attaques accumulées contre ces établissements de répression et d'y répondre ; mais nous nous sommes fait la loi de nous abstenir de
polémique avec tel ou tel écrivain ; nous jugeons beaucoup plus utile
d'exposer simplement les faits, en laissant à nos lecteurs le soin de
tirer eux-mêmes les conclusions.

Que gagnerions-nous, en effet, à rappeler qu'en traitant de *charnier*
une des prisons de Naples, l'un des hommes d'État les plus connus de
l'Angleterre s'est laissé aller à une exagération de mauvais goût ? A
quoi nous servirait de montrer que des proscrits politiques, égarés par
la passion, exaspérés par le renversement de leurs rêves, ont pris plutôt dans leur imagination troublée que dans la réalité les récits qu'ils
ont faits sur les prisons de Naples ? La meilleure de toutes les répon-
ses et de toutes les réfutations n'est-elle pas dans le simple exposé de
ce qui se passe dans ces tristes demeures ? Non pas que nous compa-
tissions outre mesure aux privations des prisonniers ; nous ne sommes
pas de ces philanthropes qui, si on le leur permettait, feraient des prisons des lieux si peu effrayants, que les pauvres honnêtes gens n'auraient plus qu'à envier le sort des criminels. Que le régime des prisons
soit humain, rien de mieux, et nous y donnons les mains de grand
cœur ; mais qu'il devienne confortable, voilà ce que nous ne pouvons
admettre. Il va de soi que le sort des prisonniers politiques ne doit pas
être le même que celui des prisonniers ordinaires ; nous avons fort
peu de goût pour les conspirateurs, et nous savons que leurs crimes
font plus de mal à leur pays que les crimes privés ; pourtant nous ne
mettrons jamais un illuminé politique, quelque coupable qu'il nous

paraisse, au niveau d'un voleur ou d'un assassin. Cela dit, revenons aux prisons napolitaines.

Depuis peu de temps, la direction supérieure des établissements pénitenciers, dans les Deux-Siciles, est confiée aux jésuites, qui accomplissent leur mission avec un dévouement complet et un succès singulier. Le R. P. Cutinelli, supérieur de toutes les prisons du royaume, est un vieillard encore plein d'activité et de zèle ; il a bien voulu nous accompagner dans nos visites aux principales prisons de Naples ; nous avons donc pu nous assurer par nous-même de quel respect et de quelle vénération il était entouré par tous les prisonniers. Nous devons avouer que notre première impression, en entrant dans les demeures des criminels, a été très-peu favorable à la discipline intérieure. Il nous semblait plutôt entrer dans une pension où auraient été agglomérés des écoliers de tout âge que dans une prison, tant nous trouvions de bruit, de mouvement et de liberté dans l'intérieur. C'est-à-dire qu'au lieu du sentiment d'effroi que nous nous attendions à ressentir en nous reportant aux récits lus par nous sur la tyrannie napolitaine, nous avons éprouvé un sentiment tout opposé ; qu'il y ait eu un peu de réaction contre une idée préconçue, nous le croyons ; mais nous n'avons pu parvenir à trouver l'ombre d'horreur dans ces lieux tristes certainement comme toutes les maisons du même genre, mais propres, aérés et très-convenables à leur destination.

La première prison qu'il nous a été donné de visiter, n'est pas en réalité un établissement de répression, c'est plutôt une maison d'enseignement et de perfectionnement ; connue autrefois sous le nom de *San-Aniello*, elle est plus souvent désignée par son nom d'*Istituto artistico* (Institut artistique). Fondée récemment par le P. Cutinelli, qui y passe avec plaisir la plus grande partie de son temps, cette œuvre a dépassé les espérances de son fondateur par ses heureux résultats. Elle est appelée, dans l'avenir, à produire encore plus de bien, lorsqu'un local plus convenable permettra de lui donner le développement matériel dont elle a besoin. Il y a peu d'années, les petits vagabonds abondaient dans les rues de Naples ; il était même de tradition qu'on ne pouvait se rendre de la rue de Tolède à la rivière de Chiaja, sans laisser son mouchoir dans le trajet aux mains des petits voleurs. Aujourd'hui on ne court pas plus de risque de perdre son mouchoir à Naples qu'à Paris. La loi disait bien que les enfants condamnés pouvaient, à l'expiration de leur peine, être envoyés dans une maison de correction ; mais cette loi était restée à peu près sans effet jusqu'à la création, vers la fin de 1855, de l'*Istituto artistico*. Dans un local assez propre, mais évidemment insuffisant, sont réunis quatre-vingt-dix enfants environ, qui apprennent à devenir cordonniers, tailleurs, tisserands, lithographes, tous un peu musiciens, et qui apprennent en même temps et avant tout à devenir d'honnêtes gens. Le jour où nous avons visité l'établissement, une épidémie d'ophthalmie s'était déclarée depuis peu, et une quarantaine de jeunes détenus étaient couchés et occupés à se bassiner les yeux. Nous avons visité leurs dortoirs, leurs ateliers, leur réfectoire; tout cela nous a paru très-propre, mais beaucoup trop exigu.

Les maîtres d'atelier sont quelquefois des condamnés à des peines sévères, que le gouvernement, pour les récompenser de leur bonne conduite, de leur repentir éprouvé depuis leur condamnation, et pour les préparer à une grâce complète, fait venir à San-Aniello enseigner leur état aux enfants.

Tous les surveillants sont d'anciens sous-officiers revêtus de leur uniforme : cette excellente amélioration que les jésuites ont, du reste, introduite dans toutes les prisons d'hommes à Naples, relève les enfants de l'*Istituto* à leurs propres yeux. Ils se croient presque des soldats; cette illusion est entretenue chez eux par un régime militaire, par le port d'un uniforme, par des promenades faites en ville au son de la musique jouée par les plus habiles d'entre eux. Malgré l'absence d'une douzaine de musiciens retenus au lit par le soin de leurs yeux, nous avons pu juger par nous-même que ces pauvres enfants en savaient autant que les enfants de leur âge dans les écoles des frères où est organisée une musique militaire. Ajoutez à la double influence du travail et de la discipline la direction religieuse confiée à la congrégation qui s'entend le mieux à élever les enfants, et vous serez rassurés sur l'avenir de ces petits coupables qu'une première faute aura souvent enlevés à un milieu pernicieux pour les amener dans une atmosphère d'honneur et de probité, où ils respireront toutes les bonnes senteurs de la vertu.

En sortant de l'*Istituto*, le P. Cutinelli nous a conduit à Santa-Maria d'Agnona, prison réservée aux femmes condamnées à des peines correctionnelles ou à des peines plus graves, mais pour lesquelles le gouvernement désire avoir quelques ménagements. Le parloir était rempli de femmes venues pour visiter les prisonnières. Nous nous sommes vite aperçu que le silence n'était pas au nombre des peines infligées dans cette prison, car nous avons rarement entendu plus de bruit et plus de rires. Cette entrée de prison n'était pas, il faut l'avouer, de nature à inspirer beaucoup d'horreur. Après avoir traversé le parloir, nous sommes arrivés dans la cour intérieure, nous l'avons trouvée pleine de détenues qui filaient, cousaient, causaient surtout; quelques-unes même allaitaient leurs enfants ou les tenaient près d'elles, car c'est un usage, qui se ressent de la douceur des mœurs, de ces bonnes populations du midi que si un enfant, par l'emprisonnement de sa mère, devait se trouver complétement abandonné, on le laisse avec elle ; les sœurs chargées de la direction de la prison prennent soin de l'éducation de ce petit être. Nous avons même vu à Santa-Maria d'Agnona trois ou quatre filles de quinze à vingt ans, filles de condamnées, recueillies dans la prison pour ne pas être laissées seules sur la voie publique ou livrées forcément à la prostitution. Dès que les prisonnières aperçurent le P. Cutinelli, toutes se levèrent, et le plus grand nombre s'approcha de lui pour lui baiser la main, suivant le touchant usage conservé à Naples, auquel ne manque pas plus l'enfant envers ses parents que le domestique envers ses maîtres. Nous avons visité les dortoirs, les salles de travail et de promenade, tout cela nous a semblé très-bien ; il y a même des salles d'infirmerie qui sont mieux meublées que beaucoup d'intérieurs bourgeois à Naples, où le luxe des appartements est si peu répandu.

La cuisine est fort propre, et la nourriture bonne et abondante. En un mot, c'est une prison bien tenue. Il est permis à l'industrie privée de s'adresser aux prisonnières à qui une grande partie du gain est abandonnée et qui se préparent ainsi les premières ressources nécessaires à leur existence, à leur sortie de prison. Sans aborder ici la question économique de savoir si cette faculté laissée à l'industrie privée de faire travailler les prisonnières ne peut pas nuire aux ouvrières libres, nous constatons que personne ne se plaint de cet état de choses à Naples, et que les prisonnières trouvent dans le produit de leur travail le moyen et le temps de se procurer des ressources à leur sortie de prison et ne sont pas amenées presque forcément à la récidive.

Nous sommes également allé visiter *San-Francesco*, où se trouvent, mais dans des locaux absolument séparés, des prisons et des ateliers nombreux pour les hommes, une maison de correction pour les enfants, les pistoles pour les détenus payants et l'hôpital de toutes les prisons d'hommes de Naples. Il y a enfin une salle réservée aux prisonniers âgés à qui l'on accorde beaucoup d'adoucissements à leur peine. Les ateliers des prisonniers adultes et valides sont au rez-de-chaussée ; il y en a pour les charpentiers, les menuisiers, les tailleurs, les cordonniers ; il existe même un certain nombre de métiers pour tisser le coton et confectionner des draps grossiers ; d'autres détenus tressent des stores, quelques-uns s'occupent de musique. Le maître de musique, condamné pour faux et conduit à San-Francesco, à titre d'adoucissement à sa peine, a joué devant nous de l'orgue harmonium avec un véritable talent. Le gouvernement a promulgué, dans le courant du mois d'août 1856, un règlement introduisant l'exercice du travail et l'établissement des caisses d'épargne dans les prisons du royaume. Deux tiers du bénéfice produit par le travail des prisonniers leur sont abandonnés ; le dernier tiers est retenu par l'administration des prisons pour couvrir les frais des ateliers. L'un des tiers laissé aux prisonniers lui est livré immédiatement, il peut en disposer à sa guise; l'autre tiers doit être déposé par lui dans une caisse d'épargne où il s'accumulera avec les intérêts à 4 pour 100, jusqu'à la sortie de prison. Les détenus sont bien logés, bien nourris et bien couchés.

Les étages supérieurs sont réservés aux prisonniers malades, aux vieillards et aux enfants. Nous avons remarqué qu'au moment de notre visite, il y avait peu de malades; ceux qui s'y trouvaient étaient entourés de soins empressés. A chacune des extrémités des salles de malades s'élève un autel où tous les matins on célèbre une messe à laquelle les prisonniers peuvent assister et que les malades entendent de leurs lits.

Les enfants placés en correction séjournent dans un local très-aéré où on leur fait prendre l'exercice si nécessaire à leur âge.

Quant aux vieillards, ils vont et viennent librement dans la partie de la prison qui leur est destinée et ils y sont traités avec des égards plus en rapport avec leur âge qu'avec leurs antécédents.

Il existe encore à Naples, outre la *Vicaria*, dont nous allons parler tout à l'heure, une prison où sont renfermés, dans deux divisions bien distinctes, les détenus pour dettes et les prêtres condamnés. On fait bien, dans l'intérêt de la dignité du caractère dont sont revêtus ces malheureux, de les séparer des autres condamnés pour lesquels ils sont forcément un sujet de moquerie et trop souvent un sujet de scandale.

Nous avons réservé pour la fin la fameuse prison de la *Vicaria*, parce que c'est celle contre le régime de laquelle on a le plus protesté et qu'elle est renfermée dans le même établissement où siégent les tribunaux. Ce nous sera une transition naturelle pour parler de la façon dont se rend la justice à Naples.

La Vicaria, dans la partie où sont enfermés les prisonniers, contient des prévenus et des condamnés séparés à peu près complétement. En arrivant devant cette prison qui a été autrefois le palais des rois, et qui est maintenant le sanctuaire de la justice, on est un peu étonné d'apercevoir un certain nombre de détenus, causant avec les personnes du dehors, tendant sans vergogne leur bonnet pour que les passants y jettent une aumône en argent ou en nature. Pour des yeux habitués à l'extérieur sévère des prisons du nord de l'Europe, il faut quelque temps pour s'habituer à ce sans-gêne de prisonniers napolitains et à cette communication presque complète avec l'extérieur. Quand on entre dans les salles, dans les promenoirs, on trouve tout aussi bien tenu que dans les autres prisons, et on n'y rencontre certainement pas l'aspect odieux et terrible auquel on est préparé par la mauvaise réputation de ces lieux. Ayons donc le courage de conclure que là encore l'Europe a été trompée comme sur tant d'autres sujets.

Nous n'avons pas visité les prisons des détenus politiques, mais nous savons de source certaine que ces condamnés sont mieux traités que les condamnés ordinaires. Comment pourrait-il en être autrement dans ce pays où la douceur des mœurs est un des signes les plus caractéristiques? Comment le gouvernement irait-il inventer des tortures spéciales contre des conspirateurs, quand il se montre si peu sévère pour les prisonniers ordinaires? Qu'on l'accuse d'avoir mis trop de lenteur dans le jugement de certains procès politiques, nous croyons le reproche fondé; que les prévenus pendant des années se soient plaints amèrement d'attendre des juges, nous le comprenons facilement; mais avoir conclu de ces plaintes que le gouvernement napolitain ait renouvelé contre les détenus politiques les tourments du moyen âge, c'est faux et absurde.

Au reste, les grâces successives accordées par Ferdinand II lui-même, et en dernier lieu par son jeune successeur, ont heureusement vidé presque toutes les prisons politiques du royaume. Que de nouvelles émeutes, que de nouvelles conspirations ne forcent pas le gouvernement sicilien à rechercher et à punir de nouveaux coupables, ce sera le meilleur de tous les moyens de mettre à néant les accusations si persévérantes contre les prétendues cruautés de ce gouvernement.

⚬⚬⚬

CHAPITRE VII.

La magistrature napolitaine. — Un procès à la grande Cour criminelle de Naples. — L'institution du jury n'existe pas dans les Deux-Siciles. — Position des accusés *con empara di polizia*.

Pour amers qu'aient été les reproches adressés au régime des prisons napolitaines, ils n'ont pourtant pas été encore aussi violents que les accusations dirigées contre la magistrature des Deux-Siciles, devenue, suivant ses détracteurs, un instrument de tyrannie, au lieu d'être restée le défenseur du droit et de la justice. Nous n'avons assisté au jugement d'aucun procès politique à Naples; mais le jour où l'on nous a mené à la grande cour criminelle de cette ville, c'était pour y entendre un jeune magistrat qui s'était fait remarquer par sa modération et son impartialité, dans le fameux procès du 15 mai 1848, et à qui cette attitude, jointe à un talent hors ligne, avait assuré un brillant avenir. Nous ne prétendons pas soutenir qu'aucun magistrat n'ait été entraîné dans ses arrêts politiques, soit par la passion, soit même par des motifs moins avouables encore. Hélas ! quelle est la nation qui puisse se vanter de n'avoir pas vu faiblir, dans les temps de révolution ou de réaction, un seul de ses magistrats? Nous la cherchons sans la trouver. Mais conclure de ces défaillances, de ces ignominies privées, au servilisme de la magistrature tout entière, ce serait aussi insensé que de rendre une armée passible de la lâcheté d'un de ses soldats, un clergé responsable du crime d'un de ses prêtres. La magistrature napolitaine n'a pas failli à son devoir ; elle a pu être sévère, mais elle est restée juste. Nous n'entrerons pas dans le détail [1] des procès politiques ; ce retour sur le passé serait sans aucune utilité. Il est préférable d'indiquer la façon dont se rend la justice ordinaire à Naples ; là encore, comme nous l'avons fait jusqu'à présent, nous choisirons un exemple dont nous avons été témoin.

Les magistrats napolitains avec lesquels nous nous sommes trouvé en relation, nous remerciaient beaucoup d'être venu voir par nous-même comment se passaient les choses dans leurs tribunaux. A l'exception des procès politiques, les étrangers et même la société napolitaine se préoccupent si peu de la façon dont se rend la justice, que la présence d'un étranger est un événement qui fait époque au palais de Naples. L'affaire à laquelle nous avons assisté ayant duré deux jours, le premier jour, nous fûmes conduit à l'audience par un des économistes les plus remarquables de l'Italie, qui était de connaissance avec presque tous les magistrats et les avocats ; mais, le lendemain, notre compagnon se trouvait être un gentilhomme, chef d'une des familles patriciennes de Naples, qui nous avouait n'avoir jamais assisté à une affaire criminelle plaidée dans cette ville. On ne connaît donc pas ce monde des jurisconsultes napolitains et nous ne craignons pas de déclarer qu'on a tort, car il est digne de marcher de pair avec les hommes de loi des pays les plus avancés. Le principal accusé dans l'affaire dont nous avons suivi les péripéties était un sourd-muet, prévenu d'avoir commis un homicide dans une rixe ; il avait pour co-accusé un jeune homme qui s'était vanté d'avoir frappé un tel coup dans cette lutte, que la personne qui l'avait reçu ne devait pas en être revenue ; mais il avait rétracté cet aveu lorsqu'il avait été incarcéré, et il chargeait le sourd-muet comme presque tous les témoins. L'avocat de la partie civile prit le premier la parole, et le fit avec clarté et élégance ; puis le procureur général adjoint parla au nom de la société outragée. Pendant plus de deux heures, il tint l'auditoire tout entier

---

[1] Nous ne saurions trop engager les personnes qui voudraient avoir de plus amples détails sur les sujets que nous effleurons dans cette brochure, à lire le livre intitulé : *Situation et affaires du royaume de Naples*, par M. Jules Gondon. (Paris et Londres, 1857.)

sous le charme de sa parole. Il débuta par un admirable exposé de la jurisprudence dans tous les pays du monde, sur la responsabilité des sourds-muets dans les crimes commis par eux, et termina par une discussion lucide et impartiale des faits de la cause. Son discours nous a semblé être un chef-d'œuvre de logique, de science et de modéraration ; il concluait en abandonnant l'accusation criminelle contre le coaccusé du sourd-muet, en requérant contre lui une simple peine correctionnelle, mais en priant la cour de condamner le sourd-muet. Seulement, comme il trouvait dur de réclamer contre ce malheureux une peine aussi sévère qu'il l'eût fait contre tout autre prévenu ; et, comme les circonstances atténuantes n'existent pas dans le code pénal napolitain, il recommandait l'accusé à la bienveillance de ses juges. C'était le côté faible de ses conclusions. Le lendemain, l'avocat du co-accusé du sourd-muet prit la parole le premier, puis vint le tour de l'avocat du principal prévenu. C'était un jeune homme de bonne mine qui plaida avec esprit, chaleur et souvent même avec éloquence. Il produisit un très-grand effet sur le public, et nous pouvions apprécier en l'écoutant combien cette belle langue italienne se prête à l'art oratoire. Les juges furent longs dans leur délibération ; enfin, ils acquittèrent le sourd-muet et condamnèrent son coaccusé à huit ans de réclusion. Cet acquittement eut lieu faute de preuves snffisantes, sans que les dispositifs du jugement touchassent en rien à la non responsabilité des sourds-muets.

Ainsi, le seul procès criminel auquel il nous ait été donné d'assister à Naples, s'est terminé par un résultat complétement en désaccord avec les conclusions du ministère public.

Le jury n'existe pas dans les lois siciliennes ; les crimes sont déférés aux grandes cours criminelles, composées de magistrats déjà parvenus à un grade élevé dans leur carrière. L'un d'eux se félicitait beaucoup devant nous de voir que son pays eût échappé à l'institution du jury. En effet, me disait-il, dans les pays où est établi le jury, comment se passent les choses dans un procès criminel ? L'instruction est confiée à la science en la personne d'un juge d'instruction ; l'accusation et la défense sont également confiées à la science, puisque ce sont les magistrats du ministère public et les avocats qui en remplissent les importantes fonctions ; c'est encore à la science qu'est remise l'application de la peine, puisque ce sont des conseillers et des juges qui la prononcent. Mais cette affaire, dont tous les détails ont été confiés à la science, à qui en appartient la solution ? A l'ignorance, en la personne des jurés. Est-ce sensé ? et les prévenus eux-mêmes doivent-ils se féliciter de voir leur sort, leur honneur et leur vie livrés au hasard des impressions de gens étrangers aux plus simples notions du droit ? Et si les accusés ont à trembler en présence du jury, la société doit être encore moins rassurée, car un caprice peut la priver d'un exemple nécessaire pour arrêter d'autres coupables sur une pente fatale. Nous ne concluons pas comme le magistrat napolitain ; mais nous avons jugé intéressant de faire connaître son sentiment sur l'institution du jury. Il prouvera que chez les nations qui en sont privées et pour lesquelles nous n'avons ni assez de compassion ni assez de dédain, tout le monde ne partage pas nos sentiments à cet égard.

Il n'est pas rare de voir à Naples des avocats s'adonner spécialement aux affaires criminelles et laisser de côté les affaires civiles ; cette séparation n'est pas infranchissable, mais elle est bien plus tranchée qu'en France. Il en résulte que ces légistes, spécialement voués à la défense des prévenus, acquièrent une habitude de la parole qui manque souvent à leurs confrères plus spécialement voués au travail du cabinet et aux consultations. Le nombre des avocats civils est beaucoup plus grand que celui des avocats criminels, car il est malheureusement vrai que les Napolitains ont une grande facilité à entreprendre des procès.

Le système judiciaire à Naples présente beaucoup d'analogie avec le système français, sur lequel il a été calqué. La grande différence consiste dans la substitution des grandes cours criminelles aux cours d'assises. On trouve une cour suprême, des grandes cours civiles, qui sont nos cours impériales, et des tribunaux de première instance.

Quant aux contestations administratives, elles sont vidées en dernier ressort par une chambre de la cour des comptes, qui tient lieu de notre section du contentieux au conseil d'État.

Le côté le plus faible de la législation criminelle des Deux-Siciles est la façon dont les cours criminelles rendent leurs arrêts. Au lieu de l'alternative laissée au jury français de déclarer l'accusé coupable ou innocent, la législation sicilienne permet une troisième forme à la décision des grandes cours criminelles. Si l'accusé est déclaré coupable, les cours rendent leurs arrêts d'après la formule : *constat;* — s'il est déclaré innocent, la formule de l'arrêt est : *non constat.* Jusque-là, rien de mieux ; mais lorsque le juge, sans trouver les preuves suffisantes pour une condamnation, croit pourtant à la culpabilité du prévenu, la cour peut prononcer l'acquittement conditionnel, dont l'effet ne rend pas la liberté au patient, et le place, selon l'expression consacrée par la loi : *con empara di polizia.* Pendant un certain laps de temps, qui peut se prolonger jusqu'à deux années, la justice a le droit de reprendre l'examen du procès, s'il survient de nouvelles preuves qui établissent plus complétement la culpabilité du prévenu. On s'explique sans peine à quelles fausses interprétations doit donner lieu cette faculté de la loi, lorsqu'il s'agit de prévenus politiques. Pour les gens ignorants de la législation des Deux-Siciles, combien est-il facile de leur faire croire que l'on garde arbitrairement dans les prisons des adversaires politiques déclarés innocents par la justice ! La législation donne beau jeu à ces fausses accusations ; aussi, serait-il mieux de renoncer à cet état intermédiaire entre l'innocence et la culpabilité. S'il a rendu quelques services à la société, il prête trop à l'arbitraire pour qu'on puisse tenir à le conserver.

Les hommes de loi des Deux-Siciles ne sont pas appréciés à leur valeur en Europe ; les gens qui visitent Naples, au point de vue exclusif de l'art et du pittoresque, ne connaissent pas ce monde si intéressant de la justice napolitaine. Il a été si souvent accusé et calomnié, qu'il était équitable que quelqu'un qui s'est trouvé à même de le voir de près, dise sur son compte tout le bien qu'il mérite.

⋙⋘

CHAPITRE VIII.

Conclusions.

Voulons-nous conclure que tout est parfait dans le régime politique, financier, administratif, du royaume des Deux-Siciles, que ce régime est à l'abri de tout reproche et que les autres États de l'Europe doivent s'empresser de l'adopter, s'ils désirent se soustraire à de nouvelles révolutions ? Nous sommes loin de pareilles exagérations, et si l'on tient même à ce que nous déclarions qu'il existe des abus dans le gouvernement des Deux-Siciles, nous sommes prêt à le reconnaître. Ce que nous avons voulu en écrivant cette brochure, c'est protester par l'exposé des faits contre les injustes et odieuses calomnies accumulées contre ce gouvernement et contre son dernier chef. Étant donnés l'état des esprits dans cette partie de la Péninsule, le degré de l'instruction, nous avons tenu à prouver que les habitants de ce royaume étaient gouvernés avec douceur, et que malgré les excitations étrangères, ils le savaient et en étaient reconnaissants envers leur souverain. Tel a été notre dessein ; y sommes-nous parvenu ? C'est au lecteur à le décider ; nous affirmons seulement qu'aucune de nos assertions n'a été avancée au hasard, mais que toutes ont été appuyées sur des faits vérifiés par nous-même. Aussi n'avons-nous pas abordé la question de la Sicile ; nous n'avons pas été suffisamment à même de connaître les faits dans cette île. Nous sommes resté assez longtemps en Sicile pour y avoir découvert deux sentiments qui ressortent en quelque sorte de tous les actes et de toutes les paroles de ses habitants : la rivalité contre les Napolitains et la crainte de l'Angleterre. Les Siciliens aiment peu leur association avec Naples, mais ils la préfèrent pourtant beaucoup à la domination anglaise. Les mesures prises par le gouvernement, pour satisfaire aux vœux sérieux de ses sujets d'au delà le Phare, pourront diminuer, sans l'effacer, l'éloignement qui existe entre les Deux-Siciles, mais en tout cas, au moment où les amis les plus ardents de l'Italie réclament l'unité de toutes les parties de ce pays, la papauté dût-elle sombrer dans la bagarre, ce serait, de leur part, une singulière preuve de logique que de conclure à la séparation de ces deux portions d'un même royame italien.

S'il n'était pas juste de rétablir la vérité si outrageusement violée au sujet de Naples, ce serait encore habile de la part de la France. A côté de ces mouvements de cohésion tentés avec plus ou moins de succès pour réunir en un seul faisceau et fortifier les uns par les autres les peuples de race allemande, slave, roumaine, n'est-il pas de la prudence la plus vulgaire d'empêcher la discorde de se perpétuer entre les peuples de race latine ? La politique de la France, que les événements du monde ont fait la plus puissante des nations de cette race, doit tendre à grouper autour d'elles et entre elles les autres nations de même origine. Si la France a pour alliés sincères les peuples qui habitent les péninsules hispanique et italique, elle n'a rien à redouter de l'ambition slave ou anglo-saxone. Ce n'est pas seulement la similitude d'origine qui doit resserrer les rapports entre ces nations, c'est l'identité de religion : puissances catholiques, leur premier intérêt est de se réunir pour défendre leur foi contre les attaques des puissances schismatiques ; et c'est à la France, fille aînée de l'Église, que revient le rôle glorieux de grouper tous ces efforts sous sa haute influence. Mais il ne faut pas que cette influence devienne de la pression ; la France doit rester l'amie de ces nations qui sont ses sœurs ; si elle voulait les opprimer, elle éloignerait d'elle toutes les sympathies qu'elle a tant d'intérêt à accroître. Son rôle est donc tout tracé : il consiste à préserver ces puissances de la suprématie étrangère ; livrées à leurs tendances naturelles, délivrées de tout patronage compromettant, ces nations se rapprocheront forcément de la France. Là est la grande politique, la politique qui doit assurer le repos du monde et le triomphe de la liberté dans ces pays, sans violence et sans secousses. Déjà l'Espagne et le Portugal sont à l'abri des commotions ; l'équilibre se rétablit entre les idées nouvelles et les faits accomplis chez ces peuples longtemps troublés. Le tour de l'Italie est maintenant venu. Il faut la préserver en même temps de la révolution, de la domination autri-

chienne et de la domination anglaise, sans prétendre lui imposer
d'une façon exagérée l'influence française. Ce qui nous attire vers le
royaume de Naples, c'est que c'est la seule puissance italienne qui ait
bien compris cette situation; au lieu d'abandonner ce gouvernement,
il faut donc le soutenir. Le premier et le plus simple encouragement à
lui accorder consiste à ne pas laisser débiter sur ses actes, sur ses
tendances, mille fables aussi perfides qu'odieuses. Le jour où le gouvernement napolitain n'aura plus à se défendre contre les calomnies
et les conspirations étrangères, ce jour-là, grâce à l'intelligence de
son jeune souverain, des princes de la famille royale et de ses principaux citoyens, on verra tomber comme d'elles-mêmes les précautions
exagérées dont il a dû s'entourer, qui seront devenues des armes inutiles. Alors on rendra graduellement plus de liberté à la pensée; on
tolérera plus de discussion, et le monde entier sera étonné de découvrir les trésors de science et d'idées qui sortiront de cette contrée acceptée avec trop de facilité comme la terre classique du despotisme et
de l'abrutissement.

Mais, avant tout, il ne faut pas chercher à enlever l'autonomie à ce
charmant pays; un peuple de huit millions d'habitants, placé dans le
climat le plus sain et le plus doux du monde, ne se soucie guère d'abandonner son indépendance pour courir après on ne sait quelle unité
avec des peuples qui n'ont d'analogie avec lui que la langue, et qui,
sous tous les autres rapports, en diffèrent de la façon la plus complète.
Que l'on n'engage pas les Napolitains à lâcher la proie pour l'ombre,
qu'on les laisse à leurs bons élans; la prudence du dernier roi en a
fait un des peuples les plus riches de l'Europe : la tranquillité sur leur
indépendance et sur leur repos en fera l'un des plus heureux.

Si nous sommes parvenu par les pages qui précèdent à dissiper
quelques préventions sur Naples, à donner l'envie aux gens sérieux
de ne plus s'en tenir aux opinions accréditées par les ennemis de ce
peuple, mais de rechercher par eux-mêmes la vérité sur les choses et
les hommes des Deux-Siciles, nous aurons atteint notre but.

TABLE DES CHAPITRES.

Paris. — Imprimerie de W. REMQUET et Cie, rue Garancière, 5.